Konzepte. Ansätze der Medien- und
Kommunikationswissenschaft

herausgegeben von
Prof. Dr. Patrick Rössler und
Prof. Dr. Hans-Bernd Brosius

Band 18

Thomas Birkner

Medialisierung und Mediatisierung

3., aktualisierte und überarbeitete Auflage

© Titelbild: sdecoret – Fotolia.com

Die Deutsche Nationalbibliothek verzeichnet diese Publikation in der Deutschen Nationalbibliografie; detaillierte bibliografische Daten sind im Internet über http://dnb.d-nb.de abrufbar.

ISBN 978-3-8487-7480-7 (Print)
ISBN 978-3-7489-3271-0 (ePDF)

Onlineversion
Nomos eLibrary

3., aktualisierte und überarbeitete Auflage 2023
© Nomos Verlagsgesellschaft, Baden-Baden 2023. Gesamtverantwortung für Druck und Herstellung bei der Nomos Verlagsgesellschaft mbH & Co. KG. Alle Rechte, auch die des Nachdrucks von Auszügen, der fotomechanischen Wiedergabe und der Übersetzung, vorbehalten. Gedruckt auf alterungsbeständigem Papier.

Vorwort der Reihenherausgeber

Etliche Jahre schien das Fehlen von Lehrbüchern auch die akademische Emanzipation der Kommunikationswissenschaft zu behindern. Doch in jüngerer Zeit hat der fachkundige Leser die Auswahl aus einer Fülle von Angeboten, die nur noch schwierig zu überblicken sind. Wie lässt es sich dann rechtfertigen, nicht nur noch ein weiteres Lehrbuch, sondern gleich eine ganze Lehrbuchreihe zu konzipieren?

Wir sehen immer noch eine Lücke zwischen den großen Überblickswerken auf der einen Seite, die eine Einführung in das Fach in seiner ganzen Breite versprechen oder eine ganze Subdisziplin wie etwa die Medienwirkungsforschung abhandeln – und andererseits den Einträgen in Handbüchern und Lexika, die oft sehr spezifische Stichworte beschreiben, ohne Raum für die erforderliche Kontextualisierung zu besitzen. Dazwischen fehlen allerdings (und zwar vor allem im Bereich der Mediennutzungs- und Medienwirkungsforschung) monographische Abhandlungen über zentrale KONZEPTE, die häufig mit dem Begriff der „Theorien mittlerer Reichweite" umschrieben werden.

Diese KONZEPTE gehören zum theoretischen Kerninventar unseres Fachs, sie bilden die Grundlage für empirische Forschung und akademisches Interesse gleichermaßen. Unsere Lehrbuchreihe will also nicht nur Wissenschaftlern einen soliden und gleichzeitig weiterführenden Überblick zu einem Forschungsfeld bieten, der deutlich über einen zusammenfassenden Aufsatz hinausgeht: Die Bände sollen genauso Studierenden einen fundierten Einstieg liefern, die sich für Referate, Hausarbeiten oder Abschlussarbeiten mit einem dieser KONZEPTE befassen. Wir betrachten unsere Lehrbuchreihe deswegen auch als eine Reaktion auf die Vorwürfe, mit der Umstellung auf die Bachelor- und Masterstudiengänge würde Ausbildung nur noch auf Schmalspurniveau betrieben.

Die Bände der Reihe KONZEPTE widmen sich deswegen intensiv jeweils einem einzelnen Ansatz der Mediennutzungs- und Wirkungsforschung. Einem einheitlichen Aufbau folgend sollen sie die historische Entwicklung skizzieren, grundlegende Definitionen liefern, theoretische Differenzierungen vornehmen, die Logik einschlägiger Forschungsmethoden erläutern und empirische Befunde zusammenstellen. Darüber hinaus greifen sie aber auch Kontroversen und Weiterentwicklungen auf, und sie stellen die Beziehungen zu theoretisch verwandten KONZEPTEN her. Ihre Gestaltung und ihr Aufbau enthält didaktische Elemente in Form von Kernsätzen, Anekdoten oder Definitionen – ebenso wie Kurzbiografien der Schlüsselautoren und kommentierte Literaturempfehlungen. Sie haben ein Format, das es in der Publikationslandschaft leider viel zu selten gibt: ausführlicher als ein Zeitschriften- oder Buchbeitrag, kompakter als dickleibige Forschungsberichte und konziser als thematische Sammelbände.

Die Reihe KONZEPTE folgt einem Editionsplan, der gegenwärtig 25 Bände vorsieht, die in den nächsten Jahren sukzessive erscheinen werden. Als Autoren zeichnen fachlich bereits ausgewiesene, aber noch jüngere Kolleginnen und Kollegen, die einen frischen Blick auf die einzelnen KONZEPTE versprechen und sich durch ein solches Kompendium auch als akademisch Lehrende qualifizieren. Für Anregungen und Kritik wenden Sie sich gerne an die Herausgeber unter

patrick.roessler@uni-erfurt.de   brosius@ifkw.lmu.de

Vorwort zur dritten Auflage

„So dynamisch wie der Wandel von Kommunikation und Medien stellt sich auch die Forschung hierzu dar", habe ich im Vorwort zur zweiten Auflage dieses Buches geschrieben. Dem ist eigentlich gar nicht so viel hinzuzufügen. Doch möchte ich diese Feststellung hier im Vorwort zur dritten Auflage nicht allein auf die Forschung zu Medialisierung und Mediatisierung beziehen, sondern auch auf die geographischen Dynamiken von uns Forscherinnen und Forschern. Als ich die erste Auflage dieses Bandes 2017 schrieb, hatte ich einige Jahre lang quasi Tür an Tür mit der Mediatisierungsforscherin Jutta Röser und dem Medialisierungsforscher Frank Marcinkowski auf dem Flur des Instituts für Kommunikationswissenschaft in Münster verbracht. Damals habe ich vor allem mit Daniel Nölleke und Andreas Scheu intensiv zusammengearbeitet. Bei der Jahrestagung der Deutschen Gesellschaft für Kommunikationswissenschaft und Publizistik (DGPuK) 2016 in Leipzig haben wir erstmals unsere Ideen über „Die andere Seite der Medialisierung: Abschirmung als Aspekt von Medialisierung in Gesundheit, Politik, Recht, Sport und Wissenschaft" vorgestellt. Einige Jahre später (2021) sind unsere entsprechenden Überlegungen weiter gediehen und als „The other side of mediatization: Expanding the concept to defensive strategies" im ICA-Journal *Communication Theory* erschienen. Mittlerweile sind wir aber auch alle drei nicht mehr in Münster. Daniel Nölleke ist Juniorprofessor am Institut für Kommunikations- und Medienforschung der Deutschen Sporthochschule Köln. Andreas Scheu leitet die Transfer Unit Wissenschaftskommunikation an der Berlin-Brandenburgischen Akademie der Wissenschaften. Und ich leite die Abteilung Journalistik am Fachbereich Kommunikationswissenschaft an der Paris Lodron Universität Salzburg. Zu meinen Kollegen hier gehört unter anderem nun der Mediatisierungsforscher Thomas Steinmaurer, dessen Habilitationsschrift „Permanent vernetzt – Zur Theorie und Geschichte der Mediatisierung" ich 2017 in der *Publizistik* besprochen habe. Und auch Corinna Peil ist jetzt (wieder) eine Kollegin von mir. Sie ist stellvertretende Leiterin des von Thomas Steinmaurer geleiteten Centers for Information and Communication Technologies & Society (ICT&S) in Salzburg und war einst Mitarbeiterin im Forschungsprojekt „Das mediatisierte Zuhause" von Jutta Röser. Während Frank Marcinkowski schon vor Jahren dem Ruf der Heimat aus Düsseldorf an die dortige Heinrich-Heine-Universität folgte, lehrt und forscht Jutta Röser noch in Münster. Allerdings ist mit Sigrid Kannengießer ihre Nachfolgerin aus Bremen bereits berufen. Und so schreitet die

Vorwort zur dritten Auflage

Wissenschaft voran, geografisch und intellektuell. Dabei scheinen die großen Schlachten zwischen Medialisierungs- und Mediatisierungsforschung geschlagen, jedenfalls ist der scharfe Ton zwischen dem l- und dem t-Lager deutlich abgeklungen, wenn nicht verstummt. Vielmehr wird immer deutlicher, dass die Ansätze nicht gegensätzlich verstanden werden müssen, sondern sich ergänzen können, ja teilweise müssen. Ob es dafür zukünftig auch einen gemeinsamen Oberbegriff ohne l und t wie etwa „Mediasierung" geben wird, bleibt vorerst offen. Sicher ist aber, dass Forscherinnen und Forscher in den Bereichen Medialisierung und Mediatisierung den Forschungsstand stetig vorantreiben und neue Impulse wie jenen der *Deep mediatization* von Andreas Hepp aufnehmen und auch "The other side of mediatization" zunehmend beachten. Es bleibt spannend.

Thomas Birkner, Frühjahr 2023

Vorwort zur zweiten Auflage

So dynamisch wie der Wandel von Kommunikation und Medien stellt sich auch die Forschung hierzu dar. Medialisierung und Mediatisierung bezeichnen dabei zugleich Prozesse des Medien- und Gesellschaftswandels und Konzepte zur Erforschung ebendieser Prozesse. Die Nachfrage nach der ersten Auflage in den vergangenen zwei Jahren ist Anlass dieser Neuauflage, die ich gerne zur inhaltlichen Aktualisierung dieses Bandes nutze. Denn in der Mediatisierungsforschung wird mittlerweile teilweise von tiefgreifender Mediatisierung gesprochen und diese auch erforscht. Währenddessen wird in der Medialisierungsforschung das Konzept der Medienlogik(en) weiter gedacht und auch auf Netzwerkmedien erweitert. Zugleich werden sowohl in der Mediatisierungsforschung als auch in der Medialisierungsforschung gegenläufige Trends stärker in den Blick genommen. In der Mediatisierungsforschung sind dies das Beharren auf alten medialen Praktiken sowie die bewusste Abkopplung von Mediatisierungsprozessen, die, wie etwa „Digital Detox", als De-Mediatisierung bezeichnet werden. In der Medialisierungsforschung werden zunehmend auch die Abschirmung gegenüber den Medien sowie die bewusste „Nicht-Anpassung" empirisch beobachtet und theoretisch in das Konzept integriert.

Gleichsam lässt sich in all dem Wandel durchaus ein sehr hohes Maß an Kontinuität auch in der Forschung feststellen. Denn die theoretischen Konzepte, obschon sie stetig weiterentwickelt und verfeinert werden, haben nun doch schon seit Jahren Bestand und werden in immer vielfältigeren empirischen Projekten angewendet. Insofern fiel die Überarbeitung dieses Buches insgesamt sehr behutsam aus.

Thomas Birkner, Sommer 2019

Inhaltsverzeichnis

Vorwort der Reihenherausgeber	5
Vorwort zur dritten Auflage	7
Vorwort zur zweiten Auflage	9
1. Grundzüge der Theorie	13
1.1 Die Konzepte Medialisierung und Mediatisierung	13
1.2 Stellung innerhalb der Kommunikationswissenschaft	20
1.3 Zentrale Begriffe	25
2. Entwicklungsgeschichte des Ansatzes	39
2.1 Mediengeschichte als Grundlage für Medialisierungs- und Mediatisierungsprozesse	39
2.2 Entstehungsgeschichte des Medialisierungs- und Mediatisierungsansatzes	45
3. Forschungslogiken der Medialisierungs- und Mediatisierungs-Forschung	51
3.1 Quantitative Verfahren	51
3.2 Qualitative Verfahren	54
4. Empirische Befunde	58
4.1 Studien zur Mediatisierung des Zuhauses	58
4.2 Studien zur Mediatisierung der Lebenswelt	62
4.3 Studien zur Medialisierung der Politik	71
4.4 Studien zur Medialisierung der Wissenschaft	82
4.5 Studien zur Medialisierung des Sports	89
5. Fazit und Ausblick	98
6. Top Ten der Forschungsliteratur	106
7. Literatur	109
Bisher in der Reihe erschienene Bände	139

1. Grundzüge der Theorie

1.1 Die Konzepte Medialisierung und Mediatisierung

Medialisierung und Mediatisierung beschreiben, zunächst einmal völlig unabhängig von der Schreibweise, die Tatsache, dass die Bedeutung von Medien in unserer Welt zunimmt. Nun könnte man das mit gutem Grund für recht banal halten. Doch hat die Kommunikationswissenschaft darüber hinaus kaum Konzepte, die diesem Umstand analytisch wirklich gerecht werden, und das, obwohl lange schon vom „Medienzeitalter" (Meyrowitz 1987) oder auch von einer „Mediendemokratie" (Marcinkowski & Pfetsch 2009) oder „Mediengesellschaft" (Rössler & Krotz 2005; Donges 2008; Imhof 2006; Meyen 2009: 27; Krotz 2010: 93; Weischenberg, Malik & Scholl 2006; Saxer 2012) gesprochen wird. Im internationalen Kontext werden Begriffe wie „Mediapolis" (Silverstone 2007) oder „Media Life" (Deuze 2012) bemüht und damit jeweils auf die Allgegenwart der Medien verwiesen. Auf der Hand liegt in diesem Zusammenhang sicherlich, dass mit der Betonung der zunehmenden Bedeutung der Medien auch die Bedeutung der diesen Bedeutungszuwachs erforschenden wissenschaftlichen Disziplinen hervorgehoben werden soll.

Medialisierung und Mediatisierung

Im englischsprachigen Raum bezeichnet der Begriff Mediatization diese immer stärkere Durchdringung moderner Gesellschaften mit Medien. Welche Rolle etwa spielt es, wenn Journalist*innen Politiker*innen auflauern, wenn Sportler*innen auf Schritt und Tritt von Kameras verfolgt werden, wenn wir beim Fernsehen twittern und überhaupt mit unseren Smartphones permanent online sind?

Mediatization

> **Begriffe**
>
> „Mediatization has become a much-used concept to characterize changes in pratices, cultures, and institutions in media-saturated societies, thus denoting transformations of these societies themselves." (Lundby 2014: 3)

In der Kommunikationswissenschaft haben sich zwei Forschungsstränge entwickelt, die sich auf unterschiedliche Art und Weise mit dem Bedeutungsgewinn der Medien in unserer Gesellschaft beschäftigen: Medialisierung und Mediatisierung klingen also zunächst nicht nur sehr ähnlich, sondern haben durchaus ein gemeinsames Forschungsinteresse. Gleichzeitig stehen sie aber doch für unterschiedliche Herangehensweisen, die im Folgenden gegenübergestellt werden sollen. Der vorliegende Band behandelt also zwei wissenschaftliche Konzepte, deren Schreibweise sich nur in einem Buchstaben unter-

zwei Forschungsstränge

scheidet und die sicherlich zukünftig gemeinsam gedacht werden müssen, die jedoch gelegentlich Welten zu trennen scheinen. Die Antipoden von Mediatisierung und Medialisierung innerhalb der deutschsprachigen Kommunikationswissenschaft sind geographisch etwa im Norden und im Süden der Bundesrepublik gelegen, genauer gesagt in Bremen und in München. In Bremen haben vor allem Andreas Hepp und der mittlerweile emeritierte Friedrich Krotz das Schwerpunktprogramm *Mediatisierte Welten* (Krotz & Hepp 2012; Hepp & Krotz 2014) vorangetrieben und etwa zu Vergemeinschaftung und Mediengenerationen (Hepp, Berg & Roitsch 2012, 2014, 2015) und zur *Deep mediatization* (Hepp 2020) geforscht. In München steht Michael Meyen für das Medialisierungskonzept (Meyen 2009; Meyen, Strenger & Thieroff 2015) und für Untersuchungen zur Medialisierung des Sports (Meyen 2014) oder der Politik (Meyen, Thieroff & Strenger 2014). Bei Carsten Reinemann (Reinemann 2010; Reinemann & Wilke 2007) sind in München etwa die Dissertationen von Nayla Fawzi (2014a) und Philipp Baugut (2017) zur Medialisierung von Politik entstanden. Und der Journalismusforscher Christoph Neuberger, mittlerweile in Berlin, hat in München den Journalismus in Bezug auf Medialisierung in den Blick genommen (Neuberger 2023). Im österreichischen Salzburg hat Thomas Steinmaurer (2016) eine beeindruckende Habilitation im Bereich der Mediatisierung vorgelegt. Künftig kann Thomas Birkner dort mit ihm zusammenarbeiten. Birkner hatte zuvor in Münster gemeinsam mit Daniel Nölleke, sowie mit Lena Küpper und Greta Kossing zur Medialisierung des Sports geforscht (Birkner & Nölleke 2016; Nölleke & Birkner 2019; Küpper, Kossing & Birkner 2022) und mit Nölleke und Andreas Scheu „The other side of mediatization" beleuchtet (Nölleke, Scheu & Birkner 2021). In Münster forschten lange Frank Marcinkowski zur Medialisierung von Politik, Wissenschaft und Spitzensport (Marcinkowski & Steiner 2010, 2014, Marcinkowski, Kohring, Linder & Karis 2013; Flemming, Lünich, Marcinkowski & Starke 2016) und Jutta Röser zum mediatisierten Zuhause (Röser & Peil 2010a, 2010b, 2012; Peil & Röser 2014; Röser, Müller, Niemand & Roth 2017) Tür an Tür. Seit 2017 arbeitet Marcinkowski in Düsseldorf, wo sich vor ihm bereits Gerhard Vowe und Marco Dohle mit Medien und Sport beschäftigten (u.a. Vowe & Dohle 2016). Sport spielt in diesem Buch eine bedeutende Rolle, denn einige Entwicklungen treten hier besonders deutlich auf. Armin Scholl und Siegfried Weischenberg galt der Sportjournalismus schon lange als „Frühwarnsystem" für Prozesse der „Kommerzialisierung und Entertainisierung" der Medien insgesamt (Scholl & Weischenberg 1998: 29).

Christoph Neuberger hat in seinem Aufsatz zu „Journalismus und Medialisierung der Gesellschaft" eine „*weite, mediale*, auf das technische Potenzial von Medien und ihre institutionelle Aneignung abhebende" und „eine *enge, systemische* Variante, welche nur die Massenmedien und ihre Verwendung in publizistischen Teilsystemen, z.B. im Journalismus und in der Unterhaltung betrachtet" (Neuberger 2023: 338-339, Hervorhebung im Original) unterschieden. Nick Couldry und Andreas Hepp haben in einem Special Issue der Zeitschrift *Communication Theory* entsprechend eine *sozialkonstruktivistische* und eine *institutionalistische Tradition* (2013: 196) gegenübergestellt. Entscheidend ist zunächst, dass sowohl Neuberger als auch Couldry und Hepp jeweils von unterschiedlichen Varianten bzw. Traditionen sprechen. Der eine (Neuberger) nennt das gemeinsame Dach Medialisierung, die anderen (Couldry und Hepp) hingegen Mediatisierung.

Sozialkonstruktivistische und institutionalistische Tradition

Und es wird noch komplizierter: Hans Mathias Kepplinger (2008: 327) etwa nennt das gemeinsame Dach ebenfalls „Mediatisierung", exkludiert jedoch in einer ersten Fußnote Mediatisierung nach Krotz, einem der prägenden Protagonisten des Mediatisierungsansatzes: „Nicht behandelt wird hier die Mediatisierung im Sinne einer zunehmenden Nutzung von Medien zur Kommunikation. Vgl. hierzu Friedrich Krotz (2007: 37)." Er versteht Mediatisierung ausschließlich als Medialisierung, nämlich als „Anpassung der Akteure in Politik, Wirtschaft, Wissenschaft und zahlreichen anderen gesellschaftlichen Subsystemen an die Erfolgsbedingungen der Medien" (Kepplinger 2008: 327). Das hat Kepplinger übrigens mit Gerd Vowe gemeinsam (etwa Vowe 2006; Dohle, Vowe & Wodtke 2009), und so wird deutlich, dass die Form des ‚Labelings' sicherlich nicht im Vordergrund stehen sollte, sondern die empirische Forschung zu konkreten wissenschaftlichen Fragestellungen.

Im deutschen Kontext also müssen die Konzepte, bei allen Gemeinsamkeiten, hier zunächst klar getrennt werden: Die *weite, mediale, sozialkonstruktivistische* Linie meint Mediatisierungsforschung und die *enge, systemische, institutionalistische* Linie meint Medialisierungsforschung. „Enge" bzw. „Weite" beziehen sich vor allem auf den unterschiedlichen zugrunde liegenden Medienbegriff. Während bei der engeren Medialisierungsforschung die massenmedial vermittelte öffentliche Kommunikation im Fokus steht, fasst die Mediatisierungsforschung „gleichermaßen Massenmedien, Medien der interpersonalen Kommunikation und interaktive Computermedien" unter ihren weiten Medienbegriff (Kinnebrock, Schwarzenegger & Birkner 2015: 21).

Nimmt Mediatisierung das Agieren von Akteuren mit Medientechnologien in den Blick, untersucht Medialisierung die Anpassungen im Handeln von Akteuren gegenüber den Massenmedien: „Mediatization generally refers to the process through which core elements of a social or cultural activity (e.g., politics, religion, and education) become influenced by and dependent on the media." (Hjarvard 2012: 30)

Akteure

Michael Meyen

Genau auf halber Strecke seines Journalistikstudiums an der Universität Leipzig (1988–1992), der Ausbildungsstätte für DDR-Journalist*innen brach das System zusammen. Michael Meyen, 1967 in Bergen auf Rügen geboren, arbeitete dennoch von 1991 bis 1997 als Journalist und Nachrichtenredakteur in der Tagespresse, beim Hörfunk und beim Teletext und promovierte währenddessen (1995) mit einer Arbeit über *Leipzigs bürgerliche Presse in der Weimarer Republik* (Meyen, 1996). Mithilfe eines Stipendiums der Deutschen Forschungsgemeinschaft (DFG) habilitierte er sich 2001 und wurde, nach einem kurzen Gastspiel als Gastprofessor an der TU Dresden, zum Sommersemester 2002 auf eine Professur für Allgemeine und Systematische Kommunikationswissenschaft an der Ludwig-Maximilians-Universität in München berufen. Meyen gehört zu den produktivsten, vielseitigsten und streitbarsten deutschen Kommunikationswissenschaftlern. Dabei ist er vielfach vor allem als Kommunikationshistoriker in Erscheinung getreten. Er forscht nach wie vor zu den Medien der DDR, ihren Akteuren und ihrer Nutzung und insgesamt zu historischer Rezeptionsforschung. Darüber hinaus ist er in der Fach- und Theoriegeschichte der Kommunikationswissenschaft profiliert durch zahlreiche Bücher und das Biographische Lexikon der Kommunikationswissenschaft: http://blexkom.halemverlag.de. Er ist außerdem ausgewiesener Journalismusforscher, hat sich im Bereich der qualitativen, nicht standardisierten Methoden positioniert, wie auch in der Medialisierungsforschung. In jüngerer Zeit hat er die medienkritischen Bücher *Breaking News – Die Welt im Ausnahmezustand* (Meyen, 2018) und *Das Elend der Medien – Schlechte Nachrichten für den Journalismus* vorgelegt (Mirbach & Meyen, 2021).

In ihrer Kritik beider Ansätze erklären David Deacon und James Stanyer (2014: 1033), Medialisierung würde sich den „großen"

(Massen)Medienorganisationen widmen und Mediatisierung den „kleinen" Medientechniken wie Mobiltelefonen. Dabei, dieser Eindruck kann entstehen, scheinen hier die Dimensionen vertauscht. Die ‚weite' Mediatisierung nimmt sich der ‚kleinen' Medien an, während die ‚enge' Medialisierung sich den ‚großen' Medien widmet. Oder anders gesagt: Bei der Mediatisierung stehen Medientechnologien im Vordergrund, bei der Medialisierung Medieninstitutionen. Beides verschwimmt zunehmend in der Allgegenwart von Medienkommunikation und dies wiederum fordert die beiden Konzepte und ihre Trennung voneinander heraus.

Begriffe

Mediatisierung meint das „Wechselverhältnis von Medien und Kommunikation auf der einen Seite und Kultur und Gesellschaft auf der anderen" (Hepp 2013a: VI, IX, 29; 2015: 175).

Während die Medialisierung insbesondere die Rolle der Massenmedien für verschiedene gesellschaftliche Subsysteme in den Blick nimmt, will die Mediatisierung untersuchen, wie sich soziales Handeln und die „zunehmende Zahl und Bedeutung von Medien der interpersonalen sowie der interaktiven Kommunikation" (Hepp & Krotz 2012: 9) wechselseitig bedingen. Bei der Mediatisierung geht es Krotz um den *„Wandel der Medien"* und den damit einhergehenden „Wandel des kommunikativen Handelns" (Krotz 2015a: 440, Hervorhebung im Original), also unter anderem darum, wie Medientechnologien (zum Beispiel Mobiltelefone) das Alltagshandeln von Menschen verändern. Damit einher geht ein Wandel von Kultur und Gesellschaft, der dann natürlich auch wieder auf die Medien zurückwirkt.

Begriffe

„Der Begriff Medialisierung impliziert dabei, dass gesellschaftliche Veränderungen als Folgen von massenmedial vermittelter Kommunikation verstanden werden können." (Meyen 2014: 380)

Ausgangspunkt ist einerseits der „Erfolg der digitalen bzw. computergesteuerten Medien" (Krotz 2015a: 439), andererseits versteht Krotz Mediatisierung als einen Metaprozess (Krotz 2007a, 2007b, 2009), der „nicht erst mit den digitalen Medien" (Krotz 2012: 37) begonnen habe. Krotz bezeichnet Medien, Mediensystem und Kultur als „historische Konzepte" (Krotz 2010: 95). Dem stimmen auch Michelsen und Krogh (2016: 14) zu: „As a meta-concept, it implies abstraction and, thus, the production of meta-levels of consideration regarding long-range historical processes rather than being primarily a descriptive tool denoting pre-given effects of certain media."

Damit, so könnte man vermuten, ist eine historische Dimension eröffnet, welche die Begriffe der Mediatisierung und Medialisierung ja auch versprechen, die jedoch bislang kaum in der Forschung eingelöst wurde. Deacon und Stanyer haben jedenfalls an beide Richtungen der Mediatisierung und Medialisierung den Vorwurf erhoben, sie seien nicht in der Lage, Wandel im Zeitverlauf zu erklären (Deacon & Stanyer 2014: 1035–1036).

Kernsätze

„Nach wie vor ein Problem für empirische Sozialforschung und auch Theoriebildung ist dabei, dass das für die Analyse derartiger Entwicklungen notwendige prozessuale Denken sich mit den gängigen empirischen Methoden nur schwer verbinden lässt." (Krotz 2014: 27)

Tatsächlich betonen beide Ansätze einen Prozesscharakter, der jedoch bislang forschungspraktisch nur selten umgesetzt wurde, was sicherlich auch in methodischen Problemen begründet ist. Wichtige Ausnahmen sind im Bereich der Mediatisierungsforschung das Langzeitprojekt „Das mediatisierte Zuhause" von Jutta Röser und in der Medialisierungsforschung eine Langzeitstudie von Hans Mathias Kepplinger zur Medialisierung der Politik. Insgesamt ist aber der Längsschnitt eher ein uneingelöstes Versprechen geblieben. In ihrem Kommentar zu Deacon und Stanyer machen auch Peter Lunt und Sonia Livingstone diesen Punkt stark. Sie bezeichnen Mediatization als „sensitizing concept" (vgl. hierzu auch Bruhn Jensen, 2013), welches vor allem für eines sensibilisieren solle:

> *„A heightened historical awareness – pushing us to go beyond a simplistic polarization of 'now' and 'before', or 'old' and 'new' media, or 21st century and 'the past' (a challenge of particular importance as analysis of 'the digital age' threatens to eclipse or obscure nuanced analysis of earlier periods)." (Lunt & Livingstone 2016: 266)*

Noch einmal zusammengefasst: Der englische Begriff Mediatization bezeichnet den Bedeutungszuwachs von Medien in modernen Gesellschaften, der sich, je nach Betrachtungsweise, in seinem historischen Verlauf in unterschiedlichen Phasen oder Schüben vollzieht. Zur wissenschaftlichen Erforschung dieses Prozesses haben sich zwei Forschungstraditionen etabliert, die sich in der deutschsprachigen Kommunikationswissenschaft in ihrer Schreibweise durch nur einen Buchstaben unterscheiden. Während die Medialisierungsforschung den Einfluss von Massenmedien auf gesellschaftliche Teilsysteme wie Politik, Sport und Wissenschaft fokussiert, dreht die Mediatisierungsforschung die Perspektive um, denn *„genauer sind nicht die Medien dabei der aktive Teil, sondern die Menschen in ihrem Umgang mit den Medien"*, weil für die Menschen „die immer neuen Medien mit immer neuen kommunikativen Möglichkeiten ein Potential [sind], das sie realisieren oder auch nicht" (Krotz 2001: 19, Hervorhebung im Original).

Krotz hat damit einen Perspektivwechsel vorgeschlagen und gefordert, die Medien- und Kommunikationswissenschaft müsse sich um mehr als nur massenmedial vermittelte Kommunikation drehen. Grundlegend unterteilt er:

Perspektivwechsel

- Kommunikation mit Medien, genauer mit standardisierten, allgemein adressierten Inhalten wie beim Fernsehen oder Lesen,
- Kommunikation mit anderen Menschen mittels Medien wie per Brief, Telefon oder im Chat,
- und interaktive Kommunikation mit Robotern oder Computerspielen (Krotz 2007a: 17).

Hepp hat die Forderung 2016 erneuert und in einem Beitrag zu „Kommunikations- und Medienwissenschaft in datengetriebenen Zeiten" die „Fixierung auf öffentliche Kommunikation" kritisiert und die Ausweitung des Gegenstandes auf „medienvermittelte Kommunikation in ihrer gesamten Breite" (Hepp 2016b: 226) gefordert: „Eine Kommunikations- und Medienwissenschaft *nur* der öffentlichen Kommunikation wird kaum datengetriebenen Zeiten gerecht" (Hepp 2016b: 230, Hervorhebung im Original). Er hat dafür zum Teil Zustimmung, zum Teil aber auch Kritik von Kolleg*innen wie Hans-Bernd Brosius, Otfried Jarren und Anna Maria Theis-Berglmair geerntet. Diese unterstreichen ebenfalls die Dynamiken der Kommunikation, bestehen aber doch auf den Begriff „öffentlich", im Falle von Brosius (2016: 366–371) dann als „öffentliche Kommunikation 2.0". In einer weiteren Replik hat dann mit Christian Strippel, Annekatrin Bock, Christian Katzenbach, Merja Mahrt, Lisa Merten, Christian Nuernbergk, Christian Pentzold, Cornelius Puschmann und Annie Waldherr eine jüngere Generation von Wissenschaftlerinnen und Wissenschaftlern darauf hingewiesen, dass die skizzierte Zukunft der Kommunikationswissenschaft längst da sei, sie sei „nur ungleich verteilt" (Strippel, Bock, Katzenbach, Mahrt, Merten, Nuernbergk, Pentzold & Waldherr 2018).

Akteure

Andreas Hepp

Andreas Hepp, Jahrgang 1970, ist einer der profiliertesten deutschen Mediatisierungsforscher und Mitinitiator des Schwerpunktprogramms „Mediatisierte Welten" der Deutschen Forschungsgemeinschaft (DFG) und des Forschungsnetzwerks „Kommunikative Figurationen" (mit dem Hans-Bredow-Institut und der Universität Hamburg, gefördert als Creative Unit durch die Exzellenzinitiative). Er ist Sprecher des Zentrums für Medien-, Kommunikations- und Informationsforschung ZeMKI der Universität Bremen und dort auch Professor für Kommunikations- und Medienwissenschaft mit dem Schwerpunkt Medienkultur und Kommunikationstheorie. Hepp begann seine wissenschaftliche Karriere bereits in einem DFG-Projekt, denn von 1995 bis 1997 war er wissenschaftlicher Mitarbeiter in dem Forschungsvorhaben „Über Fernsehen sprechen" an der Universität Trier. 1999 war er am Interfakultativen Institut für Angewandte Kulturwissenschaft (IAK) der Universität Karlsruhe (TH) zunächst als wissenschaftlicher Mitarbeiter (1999–2003), dann als wissenschaftlicher Assistent am Institut für Medien- und Kommunikationswissenschaft (IfMK) der TU Ilmenau tätig. Es folgte die Vertretung der Professur für Kommunikationswissenschaft mit dem Schwerpunkt Mediensoziologie und Medienpsychologie am Institut für Kommunikationswissenschaft der Westfälischen Wilhelms-Universität Münster (2003–2004). Anschließend bekleidete er unterschiedliche Positionen in Bremen. Von 2004 bis 2005 war Hepp Juniorprofessor für die Kulturelle Bedeutung digitaler Medien, 2005 bis 2010 Professor für Kommunikationswissenschaft. Als Sprecher des ZeMKI und vor allem auch als Projektleiter im Schwerpunktprogramm „Mediatisierten Welten" und Sprecher der Creative Unit „Kommunikative Figurationen" hat Andreas Hepp von Bremen aus das Mediatisierungs-Konzept in Deutschland sowie in der internationalen Scientific Community populär gemacht. Viel Beachtung fand zuletzt seine Monografie *Deep mediatization* (Hepp, 2020), auch in der deutschsprachigen Übersetzung (Hepp, 2021).

1.2 Stellung innerhalb der Kommunikationswissenschaft

Die deutschsprachige Kommunikationswissenschaft hat sich seit der Gründung des ersten Instituts für Zeitungskunde 1916 in Leipzig im Verlauf ihrer nun über hundertjährigen Geschichte zunächst vor allem bei Nachbardisziplinen zur eigenen Theorieentwicklung bedient. Explizit auf Wandel fokussiert, hat Jürgen Wilke (2015) zehn Gruppen von Theorien und dann wiederum weitere Varianten und Untertypen unterschieden:

1. Grundzüge der Theorie

1. Anthropologische Theorien
2. Evolutionstheorien
3. Theorien des technologischen Determinismus
4. Zeichentheorien
5. Gesellschaftstheorien
6. Politische Theorien
7. Ökonomische Theorien
8. Kulturtheorien
9. Akteurstheorien
10. Kommunikationswissenschaftliche Theorien

Zu den kommunikationswissenschaftlichen Theorien können auch solche gezählt werden, zu denen bereits Bände in dieser Reihe *Konzepte. Ansätze der Medien- und Kommunikationswissenschaft* erschienen sind – wie etwa Gatekeeping (Engelmann 2016), Framing, (Matthes 2022), Agenda-Setting (Maurer 2017), Schweigespirale (Roessing 2019), Third-Person-Effekt (Dohle 2017) oder auch Diffusionstheorien (Karnowski 2017). Wilke zählt neben Nachrichtenwerttheorie (Maier, Stengel & Marschall 2010) und Priming (Scheufele 2016) dann auch Medialisierung und Mediatisierung zu genuin kommunikationswissenschaftlichen Ansätzen (Wilke 2015: 46). Diese haben aber selbstverständlich wiederum Wurzeln in anderen Theorietraditionen. Die Medialisierungsforschung knüpft etwa an Gesellschaftstheorien von sozialen Systemen und sozialen Ausdifferenzierungsprozessen in der Linie von Talcott Parsons und Niklas Luhmann an, während die Mediatisierungsforschung Bezüge zu Kulturtheorien (den Cultural Studies) aufweist, etwa in Orientierung an Norbert Elias oder auch Pierre Bourdieu.

Kommunikationswissenschaftliche Theorien

Medialisierung und Mediatisierung haben sich in den letzten Jahren geradezu zu „Buzzwords" entwickelt, jede Menge Publikationen gefüllt und Forschungsgelder bewegt, denkt man allein an das sehr erfolgreiche Schwerpunktprogramm „Mediatisierte Welten" der Deutschen Forschungsgemeinschaft (DFG). Dennoch wird beiden Konzepten nach wie vor auch mit Skepsis begegnet, woran sicherlich der „l-oder-t"-Streit nicht unschuldig sein mag. Und so ist es durchaus möglich, sich etwa zu Medialisierung und Mediatisierung zu äußern, ohne sich auf die hier genannten nationalen und internationalen Akteure und Forschungsansätze zu berufen. Peter Vorderer hat 2015 zusammen mit Kolleg*innen das Konzept „permanently online, permanently connected" (POPC) als „mediatisierten Lebenswandel"

„Buzzwords"

vorgestellt (Vorderer 2015), rekurriert aber nicht auf die einschlägigen Veröffentlichungen der Mediatisierungsforschung. Die Stellung der Ansätze im Fach ist deshalb nicht leicht einzuordnen. Stefanie Averbeck-Lietz, die „dem Konzept ‚Mediatisierung' nahesteht", verwendet dieses „als ein übergreifendes *Denkmotiv*, das zwar konzeptionell-analytisch ‚erdacht' wurde, aber doch bestimmte Phänomene gut beschreiben kann (sicherlich aber allein nicht ausreicht, um sie zu analysieren)" (Averbeck-Lietz 2015: 231, Hervorhebung im Original). Winfried Schulz (2004: 98) betont gleichfalls den heuristischen Charakter von Medialisierung: „The concept of mediatization has heuristic value if it precisely defines the role of mass media in a transforming society and if it stimulates an adequate analysis of the transformation processes."

Grenzen der Ansätze

Damit sind auch bereits die Grenzen der Ansätze benannt. Derzeit gibt es bei der Umsetzung in konkrete Forschungsvorhaben noch divergierende Vorstellungen davon, was genau mit Medialisierung und Mediatisierung gemeint ist. Das ist ein entscheidender Grund dafür, dass beiden Konzepten einerseits ein großes Potenzial zugesprochen wird, andererseits aber auch kritisch gefragt wird, ob sie dieses Potenzial auch werden abrufen können. Hierin liegt ein entscheidender Unterschied zur etablierten und erfolgreichen Medienwirkungsforschung. In seinem Aufsatz „Was unterscheidet die Mediatisierungsforschung von der Medienwirkungsforschung?" betont Kepplinger (2008: 328) dennoch die Vorteile der Medialisierungsforschung (die er aber Mediatisierungforschung nennt, s.o.) gegenüber der Medienwirkungsforschung. Diese sei „auf eine individual-psychologische Perspektive reduziert", ende entsprechend bei den Mediennutzer*innen und blende darüber hinausgehende Effekte aus.

Abgrenzung zur Medienwirkungsforschung

Der dänische Kommunikationswissenschaftler Stig Hjarvard kritisiert, bei der Forschung zu Medieneffekten würden die Medien als unabhängige Variable konzipiert, die Einfluss auf abhängige Variablen wie menschliche Meinung oder menschliches Verhalten hätten. Dagegen würden Rezeptionsstudien vielfach die Mediennutzer*innen als völlig unabhängig konzipieren. In beiden Fällen würden Medien als externe Faktoren angesehen, was ihm nicht mehr zeitgemäß erscheint:

> *„As a framework to understand the general influence of media in society, they have become outdated. Media are not outside society exerting an effect on society, but their importance may increasingly be understood by their very presence inside society."* (Hjarvard 2012: 30)

Während die Medienwirkungsforschung also, so Kepplinger (2008: 328), am Individuum ansetze und dort experimentell erlangte Erkenntnisse auf die breite Masse etwa des Wahlvolkes übertrage (vgl. hierzu auch das „Paradoxon der Medienwirkungsforschung" von Maurer 2004), nehme die Medialisierungsforschung über die „vergleichsweise winzige Minderheit der öffentlich sichtbaren Akteure in Politik, Wirtschaft, Wissenschaft usw." Strukturen und Personenkonstellationen in den Blick. Dabei stünde eben nicht wie in der Medienwirkungsforschung das „Wissen und die Meinungen der Akteure" im Vordergrund, sondern „ihr systembezogenes Handeln" (Kepplinger 2008: 328). Meyen hat das wie folgt formuliert: „Ausgangspunkt ist dabei die Annahme, dass sich das Verhalten und der Alltag von Menschen, Organisationen, Institutionen und Systemen verändert, weil Akteure davon ausgehen, dass Massenmedien nicht wirkungslos sind." (Meyen 2009: 36)

> **Kernsätze**
>
> „Was Politiker unter dem Einfluss von Medien wirklich denken, ist nahezu irrelevant. Entscheidend ist, was sie aufgrund der Medien tun oder lassen." (Kepplinger 2008: 329)

Medialisierung erforscht also die „Wirkungen öffentlicher Kommunikation über Massenmedien" (Kinnebrock, Schwarzenegger & Birkner 2015: 21), setzt dabei aber bei den handelnden Akteuren an und untersucht entsprechend langfristige Medienwirkungen zweiter Ordnung (Meyen 2009; Meyen, Thieroff & Strenger 2014; Meyen, Strenger & Thieroff 2015). Hierzu nutzt sie gängige Konzepte der Kommunikationswissenschaft wie den Third-Person-Effekt (Davison 1983; Brosius & Engel 1997; Huck & Brosius 2007; Rössler 2009; Dohle 2017), reziproke Effekte (Kepplinger 2007b; Kepplinger & Glaab 2007; Kepplinger & Zerback 2009; Kepplinger 2010: 135–153) oder die influences of presumed media influence (Gunther & Storey 2003; Cohen, Tsfati & Shaefer 2008).

Medienwirkungen zweiter Ordnung

Zunächst einmal ist eine Basisannahme, dass beispielsweise Politiker*innen oder Sportler*innen vermuten, dass sie durch die Anpassung an die Medien ihre eigene Funktion besser erfüllen können, sprich, erfolgreicher sein können. Die Logik ist zunächst ganz simpel. Ich präsentiere mich (in) den Medien, durch die öffentliche Aufmerksamkeit generiere ich etwa Wähler*innenstimmen oder Sponsor*innengelder und habe somit Erfolg (siehe Modell 1).

Einfluss des vermuteten Einflusses

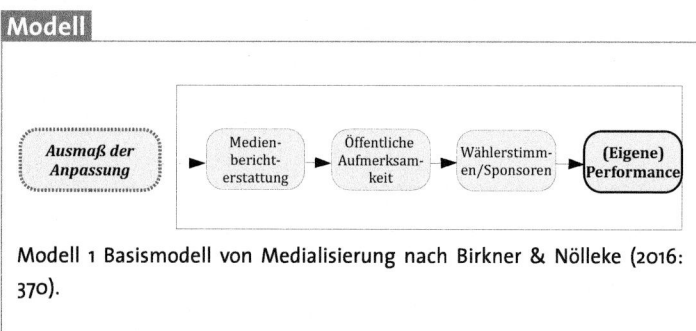

Modell 1 Basismodell von Medialisierung nach Birkner & Nölleke (2016: 370).

Entscheidend ist die Annahme, dass Medien wirken. Das ist der Einfluss des vermuteten Einflusses, den es hier analytisch zu beachten gilt (Tsfati & Cohen 2005). Deshalb geht es nicht um den Einfluss der Medien, sondern um dessen Wahrnehmung. Diese Wahrnehmung steuert das medienbezogene Handeln und ist zugleich beeinflusst von weiteren gut erforschten Effekten. Bei Politiker*innen oder Sportler*innen etwa, die regelmäßig Teil medialer Berichterstattung sind, wirkt eben diese als reziproker Effekt auf die Akteur*innen zurück (siehe hierzu auch die Seiten 74-75 dieses Buches). Aufgrund des Third-Person-Effekts (Dohle 2017) vermuten sie aber, dass die Medien auf andere Menschen, die breite Masse des Publikums, aber auch auf Politikerkolleg*innen oder andere Sportler*innen stärker wirken als auf sie selbst (siehe Modell 2).

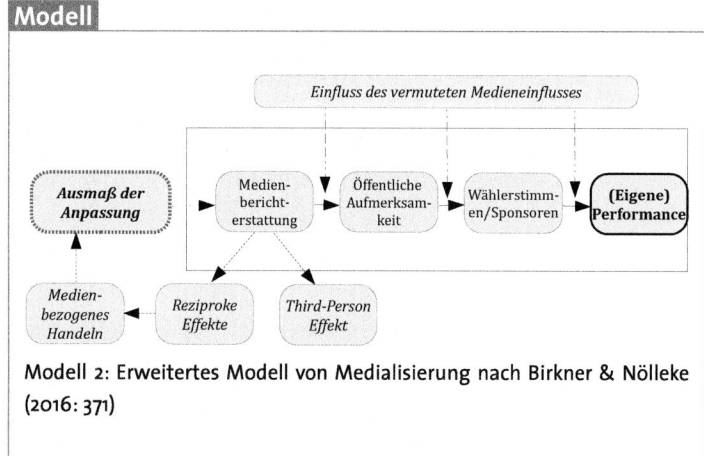

Modell 2: Erweitertes Modell von Medialisierung nach Birkner & Nölleke (2016: 371)

Einen weiteren Unterschied zur Medienwirkungsforschung sieht Kepplinger (2008: 333–334) darin, dass diese stets einfache kausale Ursache-Wirkungs-Zusammenhänge untersuche und dabei die Ursache immer zeitlich vor der Wirkung liegen müsse, was jedoch vielfach, wie in der Politik, gar nicht der Fall sei: „Politiker reagieren nicht nur auf vorangegangene Berichte. Sie versuchen [...] positive Beiträge herbeizuführen sowie negative Beiträge zu verhindern" (Kepplinger 2008: 334). Mit der theoretischen Annahme, dass die Akteure als bewusst handelnde Personen zu verstehen sind, kann man sodann auch „finale bzw. funktionale Erklärungen des medienrelevanten Verhaltens" liefern, worin Kepplinger (2008: 334–335) durchaus Ähnlichkeiten mit den Cultural Studies sieht. Natürlich hätten solch funktionale Theorien ebenfalls ihre Nachteile, weshalb sie aber sehr wohl kausale Erklärungen ergänzen können (vgl. hierzu auch Schulz 2009).

1.3 Zentrale Begriffe

Vordergründig unterscheidet, wie gesagt, nur ein Buchstabe die Begriffe Mediatisierung und Medialisierung. Vonseiten der Mediatisierungsforschung wird ins Feld geführt, dass die Schreibweise Mediatisierung international deutlich anschlussfähiger sei, da in der englischsprachigen Scientific Community von Mediatization gesprochen wird. Außerdem, so Krotz (2008: 13), passe Mediatisierung „wunderbar zum Mediatisierungsbegriff der Geschichtswissenschaft und bringt da nichts durcheinander." Sonia Livingstone (2009: 6) sieht das genauso, schließlich würden die Medien ihre Macht ja gerade auf diesem Wege erweitern, „by mediatizing – subordinating – the previously powerful authorities of government, education, the church, the family and so forth." Dem haben Kommunikationshistoriker*innen wie Rudolf Stöber (2008: 14) und Stefanie Averbeck-Lietz widersprochen: „Für Historiker bedeutet Mediatisierung hingegen etwas ganz anderes." (Averbeck-Lietz 2015: 233)

Mediatisierung in der Geschichtswissenschaft

In der Geschichtswissenschaft bezeichnet Mediatisierung den „Verlust einer immediaten Stellung, insbesondere bei der Aufhebung der reichsunmittelbaren Stände zwischen 1803 und 1806" (Bösch & Frei 2006: 10; vgl. Stöber 2010: 78; Averbeck-Lietz 2015: 233; Schulz 2011: 30). Das bedeutet, dass damals Reichsstädte und auch die Reichsritter „in ein anderes weltliches Herrschaftsgebiet" einverleibt wurden (Wehler 1987: 363). Entsprechend nutzen die Historiker Frank Bösch und Norbert Frei (2006) den Begriff Medialisierung und nicht Mediatisierung für den zunehmenden Bedeutungsgewinn der Medien und machen im Zeitverlauf Medialisierungsschübe aus, die dann mit Politisierungsschüben ineinandergreifen. Das Wechselseitige betont auch Hjarvard (2012: 30):

"Mediatization involves a double-sided development in which media emerge as semi-autonomous institutions in society at the same time as they become integrated into the very fabric of human interaction in various social institutions like politics, business, or family."

<small>Verständnis von Medien</small>

Doch es geht dabei nicht nur um den „besseren" Begriff für das gleiche Phänomen, sondern durch die Markierung von „1" und „t" wird deutlich, welcher Forschungsrichtung jeweils gefolgt wird, und auch, welches Verständnis von Medien und welcher Medienbegriff jeweils zugrunde liegt. In der Mediatisierungsforschung ist das Wechselverhältnis von Medienwandel und Gesellschaftswandel zentral. Auch hier identifizierten Hepp und Krotz „immer wieder Mediatisierungsschübe, wie etwa die der Etablierung von Druck, Fernsehen oder dem Internet" (Hepp & Krotz 2012: 10; Hepp 2013a: 58; Krotz 2007a 48), während bei den „waves of mediatization" von Couldry und Hepp eher übergeordnete Prozesse der Mechanisierung, Elektrifizierung und Digitalisierung gemeint sind (Couldry & Hepp 2016: 34-56). Doch soll nicht unbedingt jeder einzelne Mediatisierungsschub erfasst werden, sondern vielmehr gelte es, den „langfristigen Transformationsprozess als solchen" empirisch zu untersuchen. Dabei nutzen Hepp und Krotz bewusst den Begriff Mediatisierung und berufen sich unter anderem auf Jürgen Habermas als Vorreiter:

„Habermas versteht Mediatisierung als einen Teilprozess hin zur Kolonialisierung der Lebenswelt (Habermas 1988: 471), da Medien von ‚Außen' in die Lebenswelt vordringen – wobei er insbesondere an die ‚Medien Geld und Macht' (Habermas 1988: 452) denkt, also an symbolisch generalisierte Medien." (Hepp & Krotz 2012: 7)

2010 hatte Krotz „die symbolisch generalisierten Steuerungsmedien Geld und Macht" noch explizit „nicht in die Definition mit einbezogen" (Krotz 2010: 96; vgl. Hepp & Hartmann 2010: 11). 2015 definiert er dann als Medium „Kommunikationsapparate [...] die sowohl strukturell und überdauernd als auch für den Augenblick und situativ organisiert sind" (Krotz 2015b: 123) und benennt vier „Momente" eines Mediums. In struktureller Hinsicht sei jedes Medium soziale Institution und Technologie, in situativer Hinsicht Inszenierungsapparat und Erfahrungsraum, wie das folgende Modell (siehe Modell 3) verdeutlicht (Krotz 2015b: 124, vgl. Krotz 2014: 11).

Modell

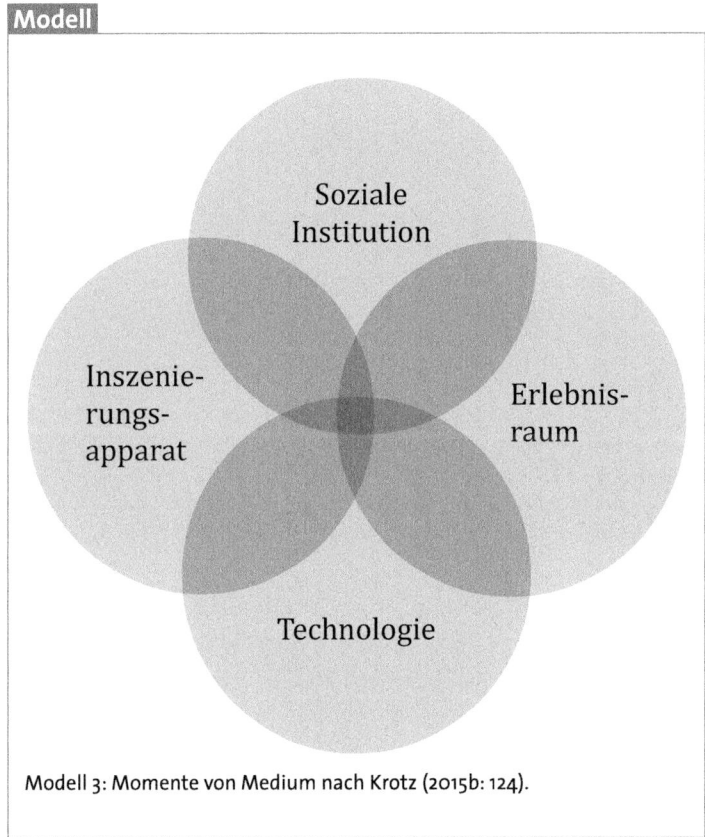

Modell 3: Momente von Medium nach Krotz (2015b: 124).

Während sich der Medienbegriff der Mediatisierungsforschung erweitert, fokussiert die Medialisierungsforschung vor allem den Einfluss der Massenmedien wie Fernsehen oder Presse (u.a. Küpper, Kossing & Birkner 2022). Letztere zählte Habermas allerdings historisch als Teil der Öffentlichkeit zur Lebenswelt, die er von Kolonialisierung bedroht sah (Habermas 1981: 522). In genau diesem negativen Sinne einer Kolonialisierung insbesondere der Politik durch die Medien ist der Begriff Medialisierung vielfach verstanden worden, was im zweiten Kapitel, zur Entstehungsgeschichte beider Ansätze, noch ausgeführt wird. Kepplinger (2008: 327) etwa nennt „Autonomieverlust, Funktionsverlust und Machtverlagerung."

Schulz hingegen hat den pessimistischen Annahmen politischer Medienwirkungen optimistische Annahmen gegenübergestellt, wobei er zu bedenken gibt, dass dabei meist eben nicht von Wirkung, sondern von Funktion gesprochen werde (Schulz 2009: 104–105). In den vergangenen Jahren sind schließlich Ansätze aufgekommen, die die funktionale Seite von Medialisierung betonen (Marcinkowski & Steiner 2010, 2014; Hjarvard 2014) und hier mit dem Begriff der Medienlogik arbeiten, der in der Mediatisierungsforschung vielfach abgelehnt wird.

Medienlogik   Medienlogik ist *der* zentrale Begriff der Medialisierungsforschung. Dieser geht auf David L. Altheide und Robert P. Snow (1979) zurück, die den Begriff „media logic" prägten: „Mediation (some prefer mediatization) refers to the impact of the logic and form of any medium involved in the communication process." (Altheide & Snow 1988: 195)

> **Begriffe**
>
> „By mediation, we usually understand the use of a medium for communication and interaction. [...] Meanwhile, the study of *mediatization* considers long-term structural transformations of media's role in contemporary culture and society." (Hjarvard 2014: 125, Hervorhebung im Original)

Während sie damals hinsichtlich des ‚Labels' Mediation oder Mediatization unentschieden waren, haben sie als Medienlogik vor allem journalistische Medienformate definiert. Dies lässt sich mit den Begriffen Materialorganisation, Präsentationsstil, Berichterstattungsfokus bis hin zur Grammatik von Medienkommunikation zusammenfassen und wurde wegen seiner fehlenden Präzision auch von vielen Medialisierungsforscher*innen (u.a. Meyen, Strenger & Thieroff 2015: 144) kritisiert und insgesamt weitergedacht (Thimm, Anastasiadis & Einspänner-Pflock 2018).

> **Begriffe**
>
> „In general terms, *media logic* consists of a form of communication; the process through which media present and transmit information. Elements of this form include the various media and the formats used by these media. Format consists, in part, of how material is organized, the style in which it is presented, the focus of emphasis on particular characteristics of behavior, and the grammar of media communication. Format becomes a framework or a perspective that is used to present as well as interpret phenomena." (Altheide & Snow 1979: 10, Hervorhebung im Original)

Altheide (2013) selbst hat das Konzept jedoch auch Jahrzehnte später weitgehend unverändert gelassen. Andere haben versucht, den

Begriff präziser zu fassen, so etwa Peter Dahlgren (1996: 63), der Medienlogik versteht als die speziellen, institutionell strukturierten Merkmale eines Mediums, als das Ensemble technischer und organisatorischer Attribute, die sich darauf auswirken, was in dem Medium vorkommt und wie das wiederum funktioniert. Medienlogik wird insgesamt als „modus operandi of mass media" (Hjarvard 2008: 113) bezeichnet, verstanden auch als „the goals, traditions, and routines of a given media organizations and an adaption to the demands of the audience" (Mazzoleni 2008: 2931).

Akteure

David L. Altheide

David L. Altheide, geboren am 9. August 1945, ist Emeritus Regents' Professor an der School of Justice and Social Inquiry an der Arizona State University. Der Titel Regents' Professor ist der höchste Ehrentitel der Universität. Altheide lehrte dort 37 Jahre lang. Er machte 1967 seinen BA am Central Washington State College und 1969 seinen MA an der University of Washington. Schließlich promovierte er 1974 an der University of California in San Diego. Gleich nach der Promotion ging der amerikanische Soziologe an die Arizona State University. Dort schrieb er gemeinsam mit seinem Kollegen Robert P. Snow das Buch *Media Logic*, das 1979 erschien. Seither ließ das Thema Altheide nicht mehr los. Es folgten weitere Publikationen mit Snow (Altheide & Snow 1988, 1991), sowie im neuen Jahrtausend vor allem Bücher zu den Themen Angst, Terror und Medien (Altheide 2002, 2006, 2009). Darüber hinaus hat er auch zu qualitativen Methoden publiziert (Altheide 1996; Altheide & Schneider 2013). In dem von Nick Couldry und Andreas Hepp als Gastherausgeber betreuten Special Issue von *Communication Theory* zu „Conceptualizing mediatization" hat er in seinem Beitrag „Media logic, social control, and fear" das von ihm und Snow entwickelte Konzept der Medienlogik verteidigt (Altheide 2013). 2014 hat er das Buch *Media Edge: Media Logic and Social Reality* (Altheide 2014) vorgelegt.

Neben der Frage, was denn nun eigentlich die Medienlogik sei, wurde diese konzeptionell der Logik eines anderen gesellschaftlichen Subsystems gegenübergestellt. Gianpietro Mazzoleni hat schon 1987 mit „Media Logic" und „Party Logic" (Mazzoleni 1987) gearbeitet. Insgesamt übernimmt bei der Erforschung des Verhältnisses von Politik und Medien häufig eine Logik des politischen Systems den Counterpart der Medienlogik, wobei, wie etwa Nino Landerer (2013)

festgestellt hat, die Logik des Politischen konzeptionell noch weniger präzise als die Medienlogik erscheint.

> **Kernsätze**
>
> „Mediatization is to be considered a double-sided process of high modernity in which the media on one hand emerge as an independent institution with a logic of its own that other social institutions have to accommodate to. On the other hand, media simultaneously become an integrated part of other institutions like politics, work, family and religion, as more and more of these institutional activities are performed through both interactive and mass media." (Hjarvard 2008: 113)

Schließlich hat Frank Esser (2013: 164–166) – analog der üblichen Dreiteilung der Politikwissenschaft – politische Logik unterteilt in die Produktion von Politik (policy), die institutionellen Rahmenbedingungen für Politik (polity) und die Selbstpräsentation von Politik (politics).

news media logic

Die ‚news media logic', wir können hier auch journalistische Logik sagen, wird nach Esser (2013: 166–174) ebenfalls dreigeteilt und besteht dann aus Professionalisierung, Kommerzialisierung und technischen Rahmenbedingungen. Sie ist damit zugleich konstant und dynamisch. Konstant, weil sich vor allem der Grad der Professionalisierung der Journalist*innen sowie der Kommerzialisierungsgrad der Medien nicht abrupt ändern. Sie können aber geographisch unterschiedlich sein und sich in langen Zeiträumen sehr wohl verändern. Treiber einer Veränderung können immer auch Medientechnologien sein.

Verhandlungslogik und Öffentlichkeitslogik

Klammert man die jeweiligen Rahmenbedingungen hier analytisch aus, dann ist dies anschlussfähig an Landerers (2013: 249) Zweiteilung jedweder Systemlogik in eine Marktlogik und eine normative Logik und wiederum auch an die Unterteilung der politischen Logik durch Doreen Spörer-Wagner und Frank Marcinkowski (2011: 417; Sarcinelli 2011: 119–135) in Verhandlungslogik und Öffentlichkeitslogik.

> **Begriffe**
>
> Für die Politik lassen sich Verhandlungslogik und Öffentlichkeitslogik analytisch voneinander trennen. Damit sind die unterschiedlichen Funktionsweisen von Vorderbühne und Hinterbühne gemeint. Einerseits gibt es sozusagen das klassische Arkanum des Politischen als ein der Öffentlichkeit unzugänglicher Ort mit seiner eigenen Logik zur Herstellung von Politik

> sowie die Logik der öffentlichen Sphäre der Politik, die zur Darstellung von Politik an die Medienlogik andockt.

Die Verhandlung, das ‚Machen' von Politik, benötigt einen vor der Öffentlichkeit geschützten Raum, aber beim Kommunizieren der Ergebnisse ist Politik notwendigerweise auf die Medien angewiesen und somit funktional an die ‚news media logic' angebunden (Strömbäck & Van Aelst 2013: 342; Esser 2013: 166; Strömbäck & Esser 2014b: 382).

Diese Anschlussfähigkeit wird noch deutlicher, wenn man auch die Medienlogik unterteilt in eine Marktlogik und eine journalistische Logik (siehe Modell 4). Ein Übergreifen der Marktlogik auf die journalistische Logik kann sich dann ebenso dysfunktional auswirken wie ein Übergreifen der Öffentlichkeitslogik auf die Verhandlungslogik (Birkner 2015: 456–457). Jörg Haßler, der sehr aufwändig die Logiken der Medien und der Politik gegenübergestellt hat, konzeptualisiert die politische Logik ebenfalls als „Kommunikationslogik" (Haßler 2017: 83). Allerdings hat Hjarvard insgesamt zu bedenken gegeben, dass man eben nicht immer sicher sein kann, ob die beobachteten Medieneinflüsse denn ausschließlich mit einer Anpassung an eine Medienlogik erklärbar seien (Hjarvard 2008:126).

Modell

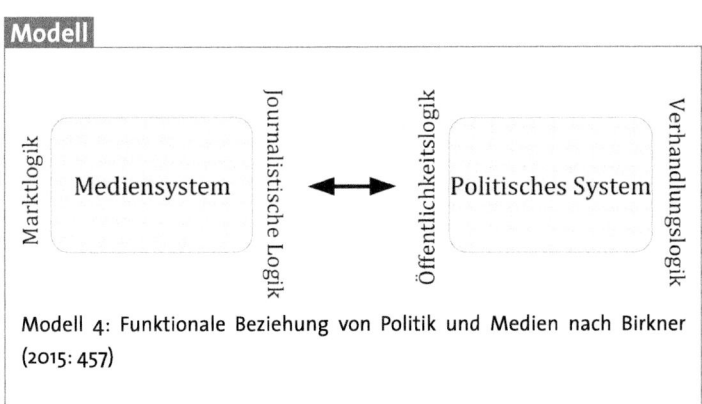

Modell 4: Funktionale Beziehung von Politik und Medien nach Birkner (2015: 457)

Zu den Kritiker*innen einer Medienlogik als analytischem Konzept gehören viele Mediatisierungsforscher*innen, die, wie Hepp, die Besonderheit eines jeden Mediums (Hepp 2012: 14) betonen, weshalb Medienlogik, insbesondere im Singular, analytisch kein Gewinn sei (Hepp & Krotz 2012: 10; Couldry 2008, 2012). So hat etwa auch Lundby angesichts der Vielfalt ‚neuer' und ‚alter' und speziell neuer digitaler Medien es als unsinnig bezeichnet, von einer mehr oder we-

Kritik an der Medienlogik

niger kohärenten Medienlogik zu sprechen (Lundby 2009: 117). Diesen Kritiker*innen haben wiederum Lunt und Livingstone vorgeworfen, sie würden den Begriff der „*media logics*" bewusst reduzieren und in einer Weise verengen, sodass weder parallele Vorstellungen sozialer, kultureller oder institutioneller Logiken anwendbar wären, noch verwandte Begriffe wie Code oder Modus (Lunt & Livingstone 2016: 5).

Netzwerk-Medienlogik

Dem zentralen Vorwurf, eine einzelne Medienlogik werde insbesondere den neuen Medien des 21. Jahrhunderts nicht gerecht, sind unter anderem José van Dijck und Thomas Poell mit ihrer „Social Media Logic" (van Dijck & Poell 2013) und Ulrike Klinger und Jakob Svensson mit ihrer „Network Media Logic" (Klinger & Svensson 2015) begegnet, die etwa auch von Adam Shehata und Jesper Strömbäck empirisch genutzt wurde (Shehata & Strömbäck 2021). Die Abgrenzung erfolgt jeweils gegen die Logik der Massenmedien. Dabei heben van Dijck und Poell bei der Logik Sozialer Medien die Elemente Programmierbarkeit, Popularität, Konnektivität und Datafizierung hervor (van Dijck & Poell 2013). Dagegen stellen Klinger und Svensson vor allem die unterschiedliche Produktion, Verbreitung und Mediennutzung gegenüber (Klinger & Svensson 2015) (siehe Tab. 1).

	Mass Media Logic	Network Media Logic
Production	Expensive information selection and content generation by professional journalists according to news values	Inexpensive information selection and content generation by (lay) users according to their individual preferences and attention maximizing
Distribution	Content selected by expert/professional gatekeepers – based on established news values – distributed to a paying fixed audience of subscribers	Users are like intermediaries, distributing popular content, sometimes like a chain letter, within networks of like-minded others
Media Usage	Location bound mass audience with limited selective exposure oriented towards passive consumption of information, based on professional selection.	Interest-bound and like-minded peer networks with highly selective exposure oriented towards interaction through practices of updating

Tabelle 1: Die Logik der Massenmedien und die Netzwerk-Medienlogik nach Klinger und Svensson (2015: 1246).

1. Grundzüge der Theorie

Tatsächlich rückt forschungspraktisch vielfach die Frage nach den konkreten Merkmalen einer wie auch immer gearteten Medienlogik in den Hintergrund. Im Vordergrund steht stärker die Frage, welche Vorstellungen von Medien etwa Politiker*innen, Sportler*innen oder Wissenschaftler*innen besitzen. Und wie sie aufgrund dieser Vorstellungen von den Medien ihr Handeln an die Medien anpassen, weil sie eben eine bestimmte Medienlogik antizipieren. Für das erläuterte und bereits erweiterte Modell von Medialisierung bedeutet dies, dass es noch etwas komplexer wird (siehe Modell 5). Ins Zentrum rückt die Wahrnehmung der Medienlogik (Nölleke & Scheu 2018), wie sie etwa durch die eigene Mediennutzung, durch Kontakte mit Medienvertreter*innen oder auch Public Relations, wie auch durch die eigene Medienbiografie (Birkner & Krämer 2016, 2017) beeinflusst werden kann.

Antizipierte Medienlogik

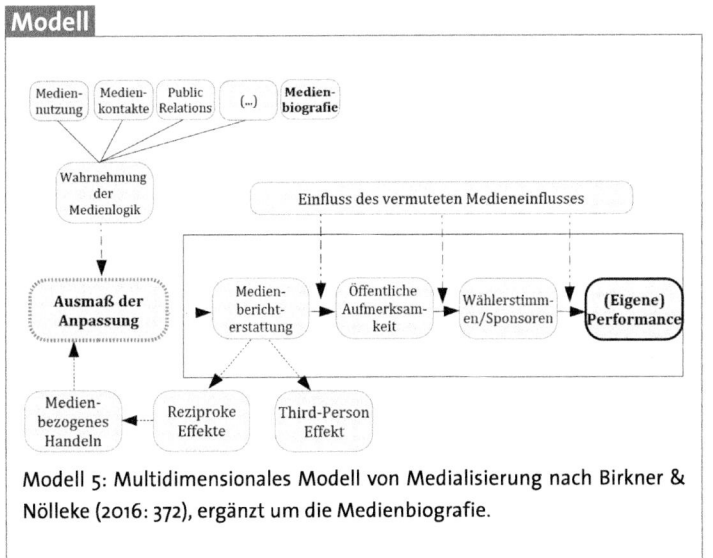

Modell 5: Multidimensionales Modell von Medialisierung nach Birkner & Nölleke (2016: 372), ergänzt um die Medienbiografie.

Geht es in der Medialisierungsforschung also vor allem um das Mit- oder gegebenenfalls auch Gegeneinander von gesellschaftlichen Teil- oder Subsystemen, so steht in der Mediatisierungsforschung das medienvermittelte zwischenmenschliche Miteinander im Vordergrund. Davon ausgehend aber folgen auf den Wandel auf der Mikroebene Wandlungsprozesse auf der Meso- und der Makroebene, von wo aus dann auch wieder Veränderungen auf der Meso- und der Mikroebene ausgehen. Dieser dialektische Prozess steht im Zentrum von Mediatisierung.

Medienwandel und sozialer Wandel

1. Grundzüge der Theorie

Metaprozess

Krotz hat Mediatisierung als Metaprozess konzipiert (Krotz 2001, 2007a, 2007b, 2009), vergleichbar mit weiteren Metaprozessen wie „Globalisierung, Individualisierung, Kommerzialisierung oder Modernisierung" (Krotz 2015c: 20). Mediatisierung ist demnach ein „Prozess von Prozessen" (Krotz 2012: 45) und umfasst die „zeitliche und räumliche, die soziale und sinnbezogene Entgrenzung von Medien, ihre Ausdifferenzierung und ihre Integration zu kaum noch unterscheidbaren kommunikativen Vermischungsformen" sowie „die Durchdringung von Alltag und Erfahrung durch medial vermittelte oder medial gestützte Beziehungen und Erlebnisse" (Krotz 2001: 29–30).

Mediatisierung und Mediensozialisation

Von besonderem Interesse in der Mediatisierungforschung sind etwa die „Bedingungen des Aufwachsens und Lebens in einer mediatisierten Gesellschaft" (Hepp & Krotz 2012: 10), also die Mediensozialisation, bzw. die *Mediatisierte Sozialisation im Jugendalter* (Schulz 2012). Gerade weil Mediatisierung eben nicht nur den Medienwandel fokussiert, sondern das Medienhandeln in wandelnden Medienumgebungen, ist sie so anschlussfähig an Fragestellungen der Mediensozialisationsforschung. Dagmar Hoffmann, Friedrich Krotz und Wolfgang Reißmann versammeln 2017 aktuelle Forschung zum Thema *Mediatisierung und Mediensozialisation* in einem Sammelband. Hier steht vor allem die Forschung zu Kindern, Jugendlichen und Heranwachsenden im Vordergrund, etwa in den Beiträgen von Ingrid Paus-Hasebrink (2017) und Uwe Hasebrink (2017). Aber auch die Medienbiografien funktionaler Eliten werden in den Blick genommen (Birkner & Krämer 2017).

> **Kernsätze**
>
> „Die Menschen in Kultur und Gesellschaft integrieren neue Medien für ihre und so – gesamtgesellschaftlich gesehen – für immer mehr Zwecke in ihr Alltagsleben und ihre sozialen Beziehungen wie auch für praktische Zwecke – sie benützen sie für die verschiedenen Arten des Kommunizierens und sie beziehen sich auf sie, ihre Inhalte, Leistungen und Funktionen. Dadurch wandeln sich ihre kommunikativen Formen und alles andere, was darauf beruht, Beziehungsnetze, Demokratie, Wirtschaft, Denken, Sozialisation und so weiter." (Krotz 2010: 101)

Mediatisierte Welten

Die beschriebene Allgegenwart der Medien und die daraus resultierenden Konsequenzen für den Alltag der Menschen stehen im Zentrum der „Mediatisierten Welten" (Krotz & Hepp 2012). Mediatisierte Welten sind ein zentraler Begriff der Mediatisierung, verstanden als „die alltäglichen Konkretisierungen von Mediengesellschaften und Medienkulturen" (Hepp & Krotz 2012: 13). Während es nach der Überzeugung von Hepp und Krotz nicht möglich ist, „die Mediatisierung einer Kultur oder Gesellschaft insgesamt zu beschreiben", könne man aber „die ‚mediatisierten Welten' des Finanzhandels, der Schule, des Zuhauses usw. erforschen" (Hepp & Krotz 2012: 13). Unter „einer *mediatisierten (sozialen) Welt* verstehen [wir]", so Krotz (2014: 23, Hervorhebung im Original), „nämlich eine soziale Welt, in der Medien in dreierlei Weisen eine Rolle spielen: für die Kommunikation in dieser sozialen Welt, als Kontexte von Kommunikation und als Kontexte für das Handeln der Menschen und die Ausrichtung des Geschehens insgesamt." Als mediatisierte Welten werden vor allem Lebensbereiche verstanden, und die Forscher*innen gehen häufig nahe an die Menschen heran, etwa wenn ihr mediatisiertes Zuhause (Röser & Peil 2012) untersucht wird.

Akteure

Friedrich Krotz

Friedrich Krotz, geboren am 9. Januar 1950 in Barcelona, hat den Begriff Mediatisierung insbesondere im deutschsprachigen Raum, aber auch international nachhaltig geprägt. Seine wissenschaftliche Karriere folgte keinem „Standardverlauf", wie Andreas Hepp und Maren Hartmann in ihrer Festschrift für Friedrich Krotz betonen (Hepp & Hartmann 2010: 14). Krotz studierte zunächst von 1968 bis 1974 Mathematik an der TU Karlsruhe und arbeitete auf dem Feld der mathematischen Logik als wissenschaftlicher Mitarbeiter am Fachbereich Mathematik der Universität des Saarlandes, wo er unter anderem mit seinem „Plädoyer für die Abschaffung des Mathematikunterrichts" für Aufsehen sorgte. Er studierte dann von 1978 bis 1983 Soziologie und Sozialpsychologie in Hamburg und promovierte dort 1989 zum Thema „EDV-gestützte qualitative Analyse von Lebensweltmodellen". Während dieses zweiten Studiums war er unter anderem als EDV-Berater sowie als freier Redakteur und Herausgeber beschäftigt. Danach arbeitete er in einem DFG-Forschungsprojekt über Sozialpolitik an der FU Berlin sowie als Dozent für EDV und Soziologie an der Fachhochschule für öffentliche Verwaltung in Hamburg. Anschließend fand er von 1989 bis 2001 als wissenschaftlicher Mitarbeiter am Hamburger Hans-Bredow-Institut eine „wissenschaftlich hoch anregende Atmosphäre" (Hepp & Hartmann 2010: 16). Krotz habilitierte sich schließlich 2000 am Hamburger Institut für Journalistik und Kommunikationswissenschaft mit einer Schrift, die bereits einen Meilenstein der heutigen Mediatisierungsforschung markiert: *Die Mediatisierung kommunikativen*

> *Handelns. Der Wandel von Alltag und sozialen Beziehungen, Kultur und Gesellschaft durch die Medien.* 2001 nahm er einen Ruf auf eine C3-Professur an die Westfälische Wilhelms-Universität in Münster an und trat dann 2003 die Nachfolge von Peter Glotz (C4) in Erfurt an. Ein damals erarbeiteter DFG-Sonderforschungsbereich (Transregio) scheiterte zwar 2005, legte aber „den Grundstein für das später erfolgreiche DFG-Schwerpunktprogramm ‚Mediatisierte Welten'" (Hepp & Hartmann 2010: 17). Krotz war von Oktober 2010 bis zu seiner Emeritierung Professor für Kommunikations- und Medienwissenschaft mit dem Schwerpunkt soziale Kommunikation und Mediatisierungsforschung am Zentrum für Medien-, Kommunikations- und Informationsforschung (ZeMKI) und übernahm dann dort bis Ende 2016 zusätzlich eine Forschungsprofessur. Zudem war er Gründer und Sprecher des DFG-Schwerpunktprogramms „Mediatisierte Welten". Mit zahlreichen auch hier zitierten Schriften hat er das Konzept Mediatisierung beständig weiterentwickelt.

Das DFG-geförderte Schwerpunktprogramm „Mediatisierte Welten" ist so aufgebaut, dass die Einzelprojekte „differenziert einen Aspekt von Mediatisierung" untersuchen, um auf dieser Basis dann im Schwerpunktprogramm insgesamt „zu einer differenzierten und interdisziplinären Gesamttheorie von Mediatisierung zu gelangen" (Hepp & Krotz 2012: 12). Eine solche Theorie, die „es erlaubt, umfassend zu beschreiben, wie Mediatisierung genau ‚funktioniert'" (Krotz 2012: 37) liegt allerdings noch nicht vor. Die in dem Band *Die Mediatisierung sozialer Welten. Synergien empirischer Forschung* (Krotz, Despotović & Kruse 2014) enthaltenen Beiträge nennt Krotz „Berichte aus der Werkstatt" (Krotz 2014: 30). Auch im Schlusskapitel des abschließenden dritten Bandes *Mediatisierung als Metaprozess. Transformationen, Formen der Entwicklung und die Generierung von Neuem* (Krotz, Despotović, Kruse 2017) benennt Krotz noch „einige offene Fragen" (Krotz 2017: 348) und stellt heraus, dass es „nicht *die* Mediatisierung" gebe (Krotz 2017: 352, Hervorhebung im Original), denn „jeder historische Mediatisierungsprozess" bestehe „aus vielfältigen einzelnen Formen von Mediatisierung, die von kulturellen, ökonomischen, von technischen, politischen und gesellschaftlichen Rahmenbedingungen abhängen" (Krotz 2017: 353). Deshalb findet Mediatisierung immer „im Zusammenhang mit den Metaprozessen *Globalisierung, Individualisierung und Kommerzialisierung*" statt (Krotz 2017: 357, Hervorhebung im Original), wobei jedoch „die Beziehungen zwischen diesen Metaprozessen uneindeutig" bleiben (Krotz 2017: 358).

Derweil konzeptualisiert Hepp Datafizierung (Hepp 2016b) als neuen Schub von Mediatisierung und spricht mittlerweile von einer „deep mediatization" (Hepp 2020) oder" „deep mediatisation" (Hepp 2016c), „bei der es nicht nur um eine Durchdringung der sozialen Welt mit technischen Kommunikationsmedien geht, sondern bei der darüber hinaus Sozialität durch automatisierte, medientechnologische Prozesse mitproduziert wird" (Hepp, 2016b: 230). Damit schließt Hepp an den Begriff „mediation" von Silverstone (2005) und letztlich an die „mediation of everything" von Livingstone (2009) an. Ihm und seinem Kollegen Nick Couldry geht es bei der tiefgreifenden Mediatisierung darum, dass Mediatisierung mit der Digitalisierung eine neue Stufe erreicht habe (Couldry & Hepp 2016; Hasebrink & Hepp 2017: 364).

Tiefgreifende Mediatisierung

„Kommunikative Figurationen" ist ebenfalls ein zentraler Begriff der Mediatisierung. Diese Figurationen sind, so hat Hepp vor allem mit Uwe Hasebrink ausgearbeitet, musterhafte Interdependenzgeflechte von Kommunikation „*die über verschiedene Medien hinweg bestehen und auf eine bestimmte ‚thematische Rahmung' ausgerichtet sind*, an der sich das kommunikative Handeln orientiert" (Hepp 2015: 174, Hervorhebung im Original; vgl. Hepp & Hasebrink 2014a, 2014b). Sie beschreiben dies anhand von vier Merkmalen:

Kommunikative Figurationen

1. „*Kommunikationsformen*: Der Begriff erfasst die verschiedenen Weisen kommunikativen Handelns, die sich zu komplexeren Mustern kommunikativer Praxis fügen. Wir können hier beispielsweise an Muster von Gesprächen, von Darstellungsformen, Texten und Diskursen denken. Bestimmte Kommunikationsformen sind charakteristisch für eine kommunikative Figuration.
2. *Medienensemble*: Für jede kommunikative Figuration lässt sich ein für sie kennzeichnendes Medienensemble ausmachen. Hierunter verstehen wir die Kombination aller Medien, die sich einer kommunikativen Figuration zuordnen lassen.
3. *Akteurskonstellation*: Jede kommunikative Figuration verfügt über eine typische Akteurskonstellation. Damit ist das Gefüge von Personen und Organisationen gemeint, die durch ihr Handeln die kommunikative Figuration bilden.
4. *Thematische Rahmung*: Schließlich hat jede kommunikative Figuration eine bestimmte thematische Rahmung. Es besteht ein handlungsleitender und orientierender ‚Sinn', der die kommunikative Figuration als ein ‚Ganzes' erfassbar macht." (Hepp 2015: 175, Hervorhebung im Original)

Hiermit wird es möglich, Handlungen auf der individuellen Ebene und gesellschaftliche Strukturen analytisch miteinander zu verbinden. Entsprechend verzahnen Hepp und Hasebrink die Kommunikativen Figurationen mit der tiefgreifenden Mediatisierung, so in dem gemeinsam mit Andreas Breiter herausgegebenen Sammelband *Communicative Figurations. Transforming Communications in Times of Deep Mediatization* (Hepp, Breiter & Hasebrink 2017) und auch in Forschungsprojekten. Empirischer Zugang sind dabei so genannte Pioniergemeinschaften, die Hepp als Akteure von tiefgreifender Mediatisierung versteht (Hepp 2016c). Gemeint sind damit Pioniere in einem speziellen Bereich, die eine Vorreiterrolle einnehmen. Mit Wiebke Loosen forscht Hepp zu Pionierjournalismus. Die Pioniere im Journalismus treten nach diesem Verständnis dazu an, die Akteurskonstellationen im Journalismus auf struktureller Ebene zu verändern, etwa durch die Einbeziehung bislang ausgeschlossener Personengruppen wie Softwareentwickler*innen oder Netzwerktechniker*innen (Hepp & Loosen 2019). Sie tragen damit zu einer Re-Figuration des Journalismus bei. Die Verbindung von Mediatisierung und Kommunikativen Figurationen verspricht nach Hepp und Hasebrink einen „Sprung" in der Mediatisierungsforschung, weil es dann nicht mehr darum geht, „die Mediatisierung einzelner Bereiche von Kultur und Gesellschaft aufzuzeigen", sondern „in einem übergreifenden Rahmen zu erfassen, wie sich mediatisierte Gesellschaften und Kulturen transformieren" (Hepp & Hasebrink 2014b: 358). Ein mediengeschichtlicher Zugang bildet entsprechend den Einstieg in das folgende Kapitel, ist die historische Entwicklung doch Grundlage für die mit Medialisierung und Mediatisierung bezeichneten Prozesse.

2. Entwicklungsgeschichte des Ansatzes

2.1 Mediengeschichte als Grundlage für Medialisierungs- und Mediatisierungsprozesse

Für die Entstehungsgeschichte der hier zu behandelnden Ansätze ist zunächst wichtig, wie jeweils der historische Prozess der Durchdringung menschlichen Zusammenlebens mit Medien rekonstruiert wird. Krotz spricht in diesem Zusammenhang von der „Geschichte der Menschheit" als einer *„Geschichte der Zunahme der Medien"* (Krotz 2010: 99, Hervorhebung im Original). Schließlich sei zur Sprache die Schrift hinzugekommen, dann die Druckmaschine, der Fotoapparat, das Radio, das Fernsehen, schließlich das Internet. Komplementär zum kommunikationshistorisch erforschbaren Medienwandel entwickelt Krotz „ein Konzept des Medienwandels von heute, das wir ‚*Mediatisierung*' nennen" (Krotz 2010: 100, Hervorhebung im Original).

Doch was ist überhaupt Medienwandel? Philipp Müller (2016: 33) hat in seiner Dissertation auf breiter Literaturbasis folgende Arbeitsdefinition zu den beiden Begriffen des Kompositums „Medienwandel" vorgeschlagen:

> *„Unter Medienwandel werden [...] die nachhaltigen Veränderungen der technischen Kommunikationskanäle, Organisationen und sozialen Institutionen verstanden, die die Kommunikation in einer Gesellschaft ermöglichen und vermitteln und dadurch auch mitbestimmen und prägen."*

<small>Was ist Medienwandel?</small>

Damit sei keinesfalls unterstellt, dass der Impuls für nachhaltige Veränderungen vom Medienbereich ausgehen müsse. Wie bereits viele vor ihm (u.a. Hickethier 2003) schließt auch Müller (2016: 33) hier „ein Primat technologischer Veränderungen" aus. Entsprechend haben auch Bösch und Frei (2006: 10, 14) zur Erforschung von „Schüben der Medialisierung" vor allem auf die Entwicklung von Demokratie und Gesellschaft geachtet. Für das 19. Jahrhundert stellen sie heraus, dass die Pressefreiheit zu den zentralen Forderungen des Frühliberalismus etwa im Vormärz und der 1848er- Revolution gehörte.

> **Kernsätze**
>
> „Domains such as law, science, art and business have long established highly rationalized systems of specialist expertise, along with respected institutions that protect their autonomy. So as high modernity (in the West, roughly from the late 18th century) came to prioritise public accountability to an increasingly literate and educated public, the media proved

> a controversial intrusion, with clashes of values to be strategically repelled in various ways. But in the domains of civil society, sport, politics, religion and education, each of which depends for its intrinsic operations on establishing a close relationship with the public, the door to mediatization and the potency of media logics could never be closed, however protective they might be of their professional norms, publicity being core to their success. Mediatization across domains, therefore, takes different forms, as the case studies in Lundby (2014) show, and as further research could usefully explore." (Lunt & Livingstone 2016: 6)

Fünf Epochen der Medialisierung

Fünf Epochen der Medialisierung öffentlicher Kommunikation haben Edzard Schade und Matthias Künzler vorgeschlagen (Schade & Künzler 2010: 89–90):

1. Von der Frühgeschichte bis Mitte des 15. Jahrhunderts: Der Wandel von Kommunikationsstrukturen im Übergang von archaischen zu stratifizierten Gesellschaften und die Entwicklung von szenischen Medien, Schriften und nicht mechanisierten Druckverfahren.
2. Mitte 15. bis zum 17. Jahrhundert: Die Mechanisierung des Buchdrucks und die zögerliche Ausbreitung periodischer Publikationen in stratifizierten Gesellschaften.
3. 18. und 19. Jahrhundert: Die Beschleunigung der Medialisierung bei der Herausbildung funktional differenzierter Gesellschaften; Entstehung der Massenpresse im Zeitalter des Liberalismus und der Industrialisierung.
4. 20. Jahrhundert: Die Popularisierung tertiärer Medien; forcierte Differenzierung des Medienangebots durch die Rundfunkmedien Radio und Fernsehen.
5. Ab den 1980er-Jahren: Die Entzeitlichung der Rezeption von Rundfunkmedien.

Bevor wir uns dem letzten Punkt, der Entzeitlichung der Rezeption als Kennzeichen der Digitalisierung und damit einem Kernbereich der Mediatisierungsforschung, zuwenden, schauen wir auf die Entwicklung im 20. Jahrhundert. Hier benennen Bösch und Frei drei entscheidende Schnittpunkte, die jedoch nichts mit dem Aufkommen neuer Medientechnologien zu tun haben, nämlich „der Aufbau von Hugenbergs Medienimperium, die alliierten Neustrukturierungen nach 1945 und die Spiegel-Affäre" (Bösch & Frei 2006: 14). Die beiden argumentieren, dass ersteres in Deutschland zum Sinnbild einer antidemokratischen Pressekonzentration wurde und letzteres zur „Ikone einer selbstbewußten [sic!] Öffentlichkeit" (Bösch & Frei, 2006: 15).

Dazwischen lagen die wichtigen institutionellen Weichenstellungen der Alliierten, die in Westdeutschland nach 1945 sowohl die Presse neu strukturierten und wieder dezentralisierten, als auch ein öffentlich-rechtliches Rundfunksystem etablierten. Durchaus in Anlehnung an Bösch und Frei, jedoch stärker auf die Verbreitung jeweils neuer Medien abhebend, hat Meyen (2009: 25) insgesamt fünf Phasen vorgeschlagen:

1. das Aufkommen der Massenpresse im letzten Viertel des 19. Jahrhunderts,
2. die Ausbreitung des Hörfunks und der Übergang vom Stumm- zum Tonfilm in den späten 1920er- und frühen 1930er-Jahren,
3. die Ausbreitung des Fernsehens in den ersten beiden Nachkriegsjahrzehnten,
4. die Kommerzialisierung des Rundfunks in den 1980er-Jahren, und
5. die Digitalisierung sowie die Ausbreitung des Internets ab Mitte der 1990er-Jahre.

Hier wird deutlich, dass für die Medialisierungsforschung, ihrer Orientierung an Massenmedien folgend, der historische Prozess der Medialisierung eigentlich erst mit dem Aufkommen der Massenpresse Ende des 19. Jahrhunderts beginnt, was wiederum Teil der sich seit dem 18. Jahrhundert vollziehenden funktionalen Ausdifferenzierung modernen Gesellschaften ist. Triebkräfte sind hierbei Industrialisierung und Technisierung, Verrechtlichung und Demokratisierung, Urbanisierung und Alphabetisierung (Birkner 2012). Die Durchdringung der modernen Massengesellschaft mit Massenmedien und die dazugehörigen Demokratisierungs- und Urbanisierungsprozesse, aber auch Globalisierungs- und Individualisierungsprozesse von der gedruckten Presse hin zur Digitalisierung spielen dabei eine Rolle.

<small>Aufkommen der Massenpresse</small>

Einen weiteren bedeutenden Vorschlag einer Phaseneinteilung für den Prozess der Medialisierung im Verlauf des 20. Jahrhunderts hat Jesper Strömbäck (2008: 236ff.) vorgelegt. Danach beginnt Medialisierung mit einer ersten Phase, in der politische Inhalte weitestgehend über Medien verbreitet werden, diese aber noch stark von der Politik abhängig sind. Diese Abhängigkeit, die für Westdeutschland deutlich über 1945 hinausreichte und für Ostdeutschland bis 1989 andauerte, schwindet in der zweiten Phase. Hier kann man etwa für Westdeutschland an die *Spiegel*-Affäre als Wendepunkt denken (Birkner

<small>Vierphasenmodell von Strömbäck</small>

& Mallek 2020). Ergebnis des damaligen Konfliktes war, dass sich Medien und Politik zukünftig auf Augenhöhe begegneten, was eine ältere Generation von Politikern überforderte, während jüngere dies anzunehmen bereit waren (Birkner 2016a). In der dritten Phase, so Strömbäck (2008: 238), kippt dann die Dominanz im Verhältnis von Politik und Medien, und politische Akteure müssen akzeptieren, dass sie sich nicht mehr darauf verlassen können, dass die Medien ihnen gefällig sind.

> **Akteure**
>
>
>
> **Jesper Strömbäck**
>
> Jesper Strömbäck, geboren 1971 in Göteborg, ist einer der profiliertesten europäischen Kommunikationswissenschaftler in der Medialisierungsforschung, insbesondere im Bereich der politischen Kommunikation. Er ist Professor für Journalismus und politische Kommunikation am Department of Journalism, Media and Communication an der Universität von Göteborg. Bereits seine ersten Schriften von 1997 und 1998 beschäftigten sich mit dem Begriff Medienlogik. Er hat mit den Phasen (2008) bzw. Dimensionen (2011) der Medialisierung das Konzept Medialisierung theoretisch entscheidend mit voran gebracht. Er war Chair (2014–2016) der Political Communication Division der International Communication Association (ICA) und hat gemeinsam mit Frank Esser unter anderem die Bücher *Mediatization of Politics: Understanding the Transformation of Western Democracies* (2014) und *Making Sense of Mediatized Politics: Theoretical and Empirical Perspectives* (2015) herausgegeben. Zuletzt hat er in *Political Communication* über „Media-centric or politics-centric political communication research" reflektiert (Strömbäck 2022).

In der vierten Phase der Medialisierung nach Strömbäck (2008: 240) wird dann Politik durch die Medien kolonialisiert (Meyer 2001). Dieser negative Fluchtpunkt von Medialisierung wird mittlerweile jedoch ebenso bezweifelt wie die historische Trennschärfe der Stömbäckschen Phaseneinteilung. Gleichwohl sind seine Phasen als Heuristik zur historischen Erforschung von Medialisierung durchaus sehr brauchbar (Averbeck-Lietz 2014; Birkner 2013, 2015). Für Österreich etwa wurden in einer bemerkenswerten Studie Medialisierungsphasen nach Strömbäck (2008) in Wahlkampagnen seit den 1970er-Jahren gezeigt (Seethaler & Melischek 2014).

Wellen der Medialisierung

Auch die Medialisierungsforschung spricht von Medialisierungsschüben oder -wellen und betont die Notwendigkeit einer langfristigen historischen Perspektive (Hepp & Krotz, 2012: 10). Couldry und

Hepp (2016) haben drei große Wellen (s.o.) der Mediatisierung identifiziert:
- Mechanisierung,
- Elektrifizierung und
- Digitalisierung.

Dabei stehen jeweils vordergründig neue Technologien wie die Drucktechnik, der elektrische Telegraph oder eben Computer, Internet und Smartphone am Anfang, werden jedoch als wichtige Stufen im langfristigen Prozess der Mediatisierung eingebunden (Couldry & Hepp, 2016: 34-56).

Einen umfangreichen wie anspruchsvollen Entwurf für Mediatisierungsstufen im historischen Kontext hat Thomas Steinmaurer in seiner Habilitationsschrift *Permanent vernetzt – Zur Theorie und Geschichte der Mediatisierung* (Steinmaurer 2016) vorgelegt. Dabei ist vor allem auffällig, dass es sich hierbei um einen konsistenten Entwurf in einer Monografie über mehr als hundert Seiten handelt und nicht – wie so oft – um die Skizze von Phasen in Aufsätzen oder Sammelbandbeiträgen. Auch wenn Steinmaurer (2016: 179) nur von einem „Baustein für eine noch zu entwickelnde umfassende Geschichte der Mediatisierung" spricht, beeindruckt der große Bogen, den er vom Beginn von Sprache und Schrift hin zur permanenten Vernetzung im 21. Jahrhundert schlägt.

Mediatisierungsstufen nach Steinmaurer

Steinmaurer (2016: 179) konzeptualisiert Sprache und Schrift als Medien und kann so, wie auch Schade und Künzler (2010: 89–90), bereits die Zeit vor der Erfindung des Buchdrucks in seinem Modell berücksichtigen. Mit der Drucktechnologie ist dann die erste Mediatisierungsstufe (siehe Tab. 2) erreicht. Die zweite Mediatisierungsstufe folgt dann mit der Telegraphie, wobei hier die Innovationsstufen zunächst der optischen und schließlich der elektrischen Telegraphie neue Dimensionen der Konnektivität eröffneten: „Verstärkt durch den Metaprozess der Kommerzialisierung und Technisierung sollte auf Basis der Mobilitätskopplung von Waren, Personen und Informationen die Telegrafie ein neues Netzwerk globaler Konnektivität etablieren." (Steinmaurer 2016: 75) Mobilität im Anschluss an John Urry (2002, 2007) ist hier ein zentrales Motiv.

Für Steinmaurer ist „primäre Konnektivität" erst mit der Telefonie und der Verkabelung der klassischen Medien wie Rundfunk und Fernsehen auf der dritten Mediatisierungsstufe gegeben. Die Mobilität bekommt dann aber auf der vierten Stufe mit Mobiltelefonie und mobilem Internet noch mal einen enormen Schub. Dadurch, dass nun mobile Empfänger und mobile Sender vorherrschen, besteht nun eine

2. Entwicklungsgeschichte des Ansatzes

vollständige „Mediatisierung in permanenter und ubiquitärer Konnektivität und Umgebungsvernetzung" (Steinmauer 2016: 308). Weil hier vor allem technische Medieninnovationen beim Erreichen der jeweils nächsten Stufe der Mediatisierung eine zentrale Rolle spielen, besteht natürlich die Gefahr eines „technological fascination bias" (Mattoni & Treré 2014: 254), also die Gefahr der Überbetonung von technologischen Innovationen als Begründungszusammenhang von Zäsuren.

Phase	Technologie	Medium/ Infrastruktur	Phänomene
Medialisierungsstufe 1	Drucktechnologie	Buch, Zeitungen, Zeitschriften	Kollektive und individualisierte Aneignungsformen
Medialisierungsstufe 2	Fixe und mobile Vernetzung	Drahtgebundene optische und elektrische Telegrafie, drahtlose Telegrafie	Beschleunigung, Nationalisierung, Transnationalisierung, Globalisierung, kommunikative Mobilität
Medialisierungsstufe 3 (primäre Konnektivität)	Fixe und mobile Vernetzung	Telefonie, Verkabelung klass. Medien, beginnende Konvergenz	Kommunikative Mobilität, Vernetzung, Globalisierung, Individualisierung, Beschleunigung
Medialisierungsstufe 4 (sekundäre, mediatisierte Konnektivität)	Mobile Sender und mobile Empfänger	Mobiltelefonie, weitreichende Konvergenz (mobiles Internet und „ubiquitous computing")	Vollständige Mediatisierung in permanenter und ubiquitärer Konnektivität und Umgebungsvernetzung

Tabelle 2: Mediatisierungsstufen nach Steinmaurer (2016: 308).

Außerdem fällt auf, wie sehr Steinmaurer durch das Dispositiv der Konnektivität (im Sinne Michel Foucaults) einerseits die Vernetzung besonders hervorhebt, dabei aber die audiovisuellen Medien etwas aus dem Blick verliert. So sind etwa Fotografie und Film, im Anschluss an Zielinskis „Audiovisionen" hier „Zwischenspiele" (Steinmaurer 2016: 214). Doch kann dies aufgefangen werden etwa durch die Lektüre des Medienwissenschaftlers Joseph Garncarz (2016), der den Medienwandel vor allem am Wandel der Kino- und Fernsehkultur illustriert.

Besonders verdienstvoll in diesem Bereich aber ist der von Katharina Lobinger und Stephanie Geise (2015) herausgegebene Band zu *Visualisierung – Mediatisierung*. Gerade weil Bilder zentrale Elemente der medialen Durchdringung des Alltags seien, wird hier von visueller Mediatisierung gesprochen (Lobinger & Geise 2015: 9) und Visualisierung als „eigenständiger aktueller und historischer Teilprozess des Metaprozesses Mediatisierung" bezeichnet (Krotz 2015c: 18). Krotz hat auch an anderer Stelle die Bedeutung des Visuellen hervorgehoben, so in seinem Beitrag „Von der Entdeckung der Zentralperspektive zur Augmented Reality" (Krotz 2012). Er betont die historische Dimension der Mediatisierung. Da es sich um einen Metaprozess handelt, sind die langen Linien für ihn so wichtig, weshalb er Mediatisierung auch als kulturübergreifenden Langzeitprozess versteht. Damit werden aktuelle Wandlungsprozesse, die sicherlich den Großteil der Forschung ausmachen, an größere Zusammenhänge und Entwicklungen anschlussfähig.

Zusammenfassend lässt sich sagen, dass für die Medialisierung das Aufkommen der Massenpresse als historischer Ausgangspunkt gelten kann. Seither erfüllen „die" Medien eine spezifische kommunikative Funktion in modernen Gesellschaften. Medienwandel wird dann vielfach als Bedeutungsgewinn verstanden, was dann wiederum Medialisierungsprozesse in unterschiedlichen gesellschaftlichen Teilbereichen auslösen kann. Die Mediatisierung setzt deutlich früher in der Menschheitsgeschichte ein. Hier können über den Begriff des Metaprozesses auch frühere Stufen wie die Entwicklung von Sprache und Schrift einbezogen werden. Mit immer neuen Medientechnologien kommen immer neue Kommunikationsmöglichkeiten hinzu, die sich im 21. Jahrhundert in einer medialen Allgegenwart äußern, die sehr eng mit menschlichem Handeln insgesamt verwoben ist.

2.2 Entstehungsgeschichte des Medialisierungs- und Mediatisierungsansatzes

Insbesondere Krotz und Hepp haben das Mediatisierungskonzept im deutschsprachigen Raum entwickelt. Sie finden unter den Klassikern der Soziologie wie Ernest Manheim, Jean Baudrillard und, wie er-

Soziologische Prägung der Mediatisierungsforschung

wähnt, Jürgen Habermas, Vorreiter, die bereits von Mediatisierung gesprochen haben (Hepp und Krotz 2012: 7; 2014: 2; vgl. Averbeck-Lietz 2014, 2015). Hier zeigt sich die starke soziologische Prägung der Tradition der Mediatisierungsforschung. Sie wurzelt einerseits in den Cultural Studies und andererseits im Symbolischen Interaktionismus. Für Krotz und Hepp spielt außerdem die Figurationstheorie im Anschluss an Norbert Elias eine bedeutende Rolle, wie weiter oben bereits gezeigt wurde.

Krotz sieht Mediatisierung zwar als Konzept, welches mit der Digitalisierung und zur Erklärung des Wechselspiels von digitalen Medientechnologien und sozialem Wandel entstanden ist. Allerdings ist nicht nur der Prozess der Mediatisierung deutlich in die Vergangenheit zurückzuprojizieren. Auch die Forschung ist an die Mediumstheorie und die Arbeiten von Neil Postman (1982), Joshua Meyrowitz (1987) und Marshall McLuhan (1992) anschlussfähig.

Für die Medialisierungsforschung erklärt Strömbäck fachhistorisch, im Einklang mit Stig Hjarvard (2013: 8–9) und Knut Lundby (2014: 13–14), den schwedischen Kollegen Kent Asp (1986) zu einem der ersten, der sich bereits in den 1980er Jahren mit Medialisierung und Politik beschäftigt habe (Strömbäck 2016: 827), wobei hier sowohl die stärker politikwissenschaftliche Orientierung eines Großteils der Forschung in der Tradition der Medialisierung deutlich wird, als auch die starke skandinavische Tradition in diesem Bereich.

Aufkommen von Privatfernsehen

Tatsächlich setzt in dieser Zeit ein erster Schub an Auseinandersetzung mit Mediatisierung ein, der wohl dem Aufkommen von Privatfernsehen in einigen Staaten in den 1980er-Jahren geschuldet ist. Heinrich Oberreuter sprach bereits 1982, also kurz vor der Einführung des dualen Rundfunksystems in Deutschland, von der Übermacht der Medien und befürchtete, die Eigengesetzlichkeit der Medien würde die Eigengesetzlichkeit der Politik überlagern (Oberreuter 1982). Auch der Spanier Jesús Martín-Barbero, der zunächst in Mexiko lehrte und später nach Kolumbien ging, setzte sich 1987 kritisch mit der Rolle der Medien auseinander (Martín-Barbero 1987). Zu nennen ist hier aber insbesondere Meyrowitz, der die „Fernsehgesellschaft" (1987) bzw. „the impact of electronic media on social behavior" (1985), wie das amerikanische Original heißt, sezierte. Und nicht ohne Zufall lieferten Altheide und Snow (1979) aus den fernsehtechnisch weiterentwickelten USA hierzu den griffigen Begriff der „media logic", der bis in die 1990er-Jahre für beide Traditionen prägend war (Hepp & Krotz 2012).

2. Entwicklungsgeschichte des Ansatzes

Zunächst wurde die Rolle der Medien negativ bewertet, insbesondere die des Fernsehens. In Deutschland hatte etwa 1978 Bundeskanzler Helmut Schmidt zu einem „fernsehfreien Tag" (Schmidt 1978; Birkner 2016b) aufgerufen. Medialisierung wurde dann in den 1990er- und 2000er-Jahren vor allem als das verstanden, was Strömbäck in seiner vierten Phase in Anlehnung an Meyer (2001) Kolonialisierung nannte (Mazzoleni & Schulz 1999; Hoffmann-Riem 2000; Meyer 2001; Münkel 2006), etwa unter der Prämisse einer „Subordination publizistischer Zielsetzungen unter ökonomischen Kriterien" (Meier & Jarren 2001: 151) oder sogar einer radikalen „Subsumtion des *gesamten* Mediensystems unter die allgemeinen Kapitalverwertungsbedingungen" (Knoche 2001: 178, Hervorhebung im Original). Damals schrieb Pierre Bourdieu besonders kritisch *Über das Fernsehen* (Bourdieu 1998) und Ignacio Ramonet über *Die Kommunikationsfalle. Macht und Mythen der Medien* (Ramonet 1999). Ramonet beobachtete „zwei simultane Revolutionen", eine technische und eine wirtschaftliche, die dann das Verschmelzen der drei Sphären Kultur, Information und Kommunikation zu einer *„world culture* amerikanischer Prägung, einer Art globalen *Massen-Kommunikationskultur"* bewirkten (Ramonet 1999: 75–76, Hervorhebungen im Original).

Medialisierung als Kolonialisierung

Auf die dysfunktionale Ökonomisierung der Medien folgte in dieser Lesart die dysfunktionale Medialisierung der Politik als „Kolonialisierung der Politik durch das Mediensystem" (Meyer 2001: 10; Strömbäck 2008: 240). Das zentrale Argument war, wie gesagt, die Zulassung von privaten Rundfunkanbietern, die mit kulturpessimistischer Folklore, aber eben auch wissenschaftlich kritisch begleitet wurde. Schulz (2004: 94) hielt dem entgegen, man müsse wohl eher von „televisualization" (Daremas & Terzis 2000; Vowe 2006) sprechen, und außerdem sei spätestens mit dem Aufkommen neuer Medien am Übergang zum 21. Jahrhundert das Fernsehzeitalter ohnehin am Ende (Schulz 2004: 94).

Ökonomisierung der Medien

Akteure

Winfried Schulz

Winfried Schulz, geboren am 11. August 1938 in Berlin, ist einer der international bekanntesten deutschen Kommunikationswissenschaftler. Helmut Scherer nannte ihn 2003 in der *Publizistik*, anlässlich seines 65. Geburtstags, eine der „wenigen Integrationsfiguren von internationalem Rang" (Scherer 2003: 341). Schulz studierte in München, Berlin und Mainz, wo er als Assistent von Elisabeth Noelle-Neumann arbeitete. Er wurde 1968 als Erster am Mainzer Institut promoviert und habilitierte 1974. Da

2. Entwicklungsgeschichte des Ansatzes

> war er bereits Assistenzprofessor in Mainz. 1977 ging er als Professor für Publizistik an die Westfälische Wilhelms-Universität Münster. 1983 folgte er einem Ruf auf den Lehrstuhl für Kommunikations- und Politikwissenschaft der Friedrich-Alexander-Universität (FAU) Erlangen-Nürnberg, wo er bis zu seiner Emeritierung 2003 blieb.
>
> Winfried Schulz war von 1984 bis 1986 Vorsitzender der Deutschen Gesellschaft für Publizistik und Kommunikationswissenschaft (DGPuK) und war Mitinitiator und Koordinator des DFG-Schwerpunktprogramms „Publizistische Medienwirkungen". Zu seinen bedeutendsten Veröffentlichungen gehören sicherlich das zusammen mit Elisabeth Noelle-Neumann und Jürgen Wilke herausgegebene *Fischer Lexikon Publizistik Massenkommunikation* (2009) und das Buch *Politische Kommunikation: theoretische Ansätze und Ergebnisse empirischer Forschung* (2011), die jeweils bereits mehrere Auflagen erfahren haben. Im Kontext der internationalen Medialisierungsforschung zählen seine Aufsätze „'Mediatization' of Politics: A Challenge for Democracy?" von 1999 (zusammen mit Gianpietro Mazzoleni), und „Reconstruction of Mediatization as an Analytical Concept" von 2004 zu den einflussreichsten. Auch hier gehören für ihn Theorie und Methode zusammen. Noch einmal Scherer über Schulz: „Von Winfried Schulz kann man lernen, dass man nur dann ein guter Methodiker sein kann, wenn man ein guter Theoretiker ist." (Scherer 2003: 342)

Hier setzen letztlich auch Vertreter*innen der Mediatisierung an, die damit erklären, weshalb man eigentlich spätestens seit dem Ende der 1990er-Jahren von dem Begriff der Medienlogik abgekommen sei, obwohl

> „die Mediatisierungsforschung zu dem eigentlichen gedanklichen Ausgangspunkt etwa auch der Überlegungen von Altheide und Snow zurückgekommen ist und sich mit der ‚Allgegenwart von Medien' in vielen der heutigen Gesellschaften und Kulturen befasst, dabei aber zunehmend ein Verständnis davon entwickelt, dass es sich hierbei auch um digitale Medien bzw. Medien der Netzkommunikation handelt und dass diese Entwicklungen kulturell und sozial ungleichzeitig und auch in Abhängigkeit von spezifischen Handlungsfeldern und kulturellen Kontexten ablaufen. Spätestens hier sind Vorstellungen einer Medienlogik – insbesondere, wenn man diese im Singular sieht – kaum anwendbar" (Hepp & Krotz 2012: 10).

Plurimedialität im 21. Jahrhundert

Hatte Wilke bereits für das frühe 20. Jahrhundert von der „Plurimedialität der Massenkommunikation" (Wilke 2002: 303) gesprochen, so fordert die neue Plurimedialität zu Beginn des 21. Jahrhunderts nicht nur den Begriff Medienlogik heraus – sie stellt auch neue Forderungen an komplexere Forschungsdesigns und sie hat, fast im Sinne einer medientheoretischen Pointe, zu einer Neubewertung des Fernsehens geführt. Zwar konstatierte Siegfried Weischenberg noch 2010, der „gesamte Journalismus" funktioniere „inzwischen nach den Selektions- und Präsentationsregeln des Fernsehens" (Weischenberg 2010: 48–49). Doch in der jüngeren Vergangenheit ist der Journalismus selbst abhängig geworden von öffentlicher Aufmerksamkeit: „[M]edia companies advertise their brands, and there are increasing efforts toward engaging people as ‚fans' or ‚communities' around these media brands." (Kunelius & Reunanen 2016: 13)

Insgesamt aber hat das Internet mit seiner Hetze, seiner Unkontrollierbarkeit, der schnellen Verbreitung von „fake news" und seinem freien Zugang zu Pornographie längst das Fernsehen als „böses" Medium abgelöst. Interessanterweise erlebt das Fernsehen nun seit Mitte der 2010er-Jahre in der Kommunikationswissenschaft eine Form der positiven Renaissance (u.a. Naab 2013; siehe auch die sympathische Zusammenfassung im *ZEIT-Magazin* von Matthias Stolz, 2016). Nach dem Einzug des Internets in das mediatisierte Zuhause blieb der Fernsehkonsum zunächst erstaunlich konstant (Röser & Hüsig 2012). Das Fernsehen wurde nicht gleich verdrängt und kommt auch bei Jürgen Habermas und seinen Überlegungen zu einem *neuen Strukturwandel der Öffentlichkeit* insbesondere im Angesicht der Social Media-Plattformen im Internet erstaunlich gut weg (Habermas 2022).

Sowohl die Mediatisierungs- als auch die Medialisierungsforschung haben, neben der zwar stets mitschwingenden, aber schwer empirisch umsetzbaren, historischen Perspektive auf Wandel, wohlweislich ihre Konzepte so formuliert, dass sie auf die Gegenwart fokussieren. So spricht Hepp neben der diachronen von einer synchronen Mediatisierungsforschung (2013b: 193; 2013c: 622-625). Mit diachroner Forschung sind Wiederholungsstudien mit Paneldesigns wie jene zum mediatisierten Zuhause bezeichnet, aber auch Inhalts- oder Dokumentenanalysen über längere Zeiträume hinweg sowie historische Studien, die unterschiedlichste Quellen heranziehen können. Demgegenüber versucht die synchrone Mediatisierungsforschung, zu einem Zeitpunkt unterschiedliche Mediatisierungsgrade zu erfassen, indem etwa verschiedene Mediengenerationen untersucht werden (Hepp, Berg & Roitsch 2017: 83-85).

Diachrone und synchrone Forschung

Strömbäck (2011, 2016) hat seine (weiter oben bereits erwähnten) Phasen als Dimensionen von Medialisierung des Politischen angelegt,

Dimensionen von Medialisierung

2. Entwicklungsgeschichte des Ansatzes

wobei für Marcinkowski, ohne die zeitliche Reihenfolge historischer Phasen, dann eigentlich die zweite und dritte Dimension zusammenfallen:

(1) Die Entwicklung der Nachrichtenmedien zur primären Quelle von Informationen über Politik;

(2) die Auflösung institutioneller, finanzieller und personeller Verflechtungen zwischen Medienorganisationen und politischen Institutionen;

(3) die Entwicklung einer eigenständigen Konstruktionslogik politischer Medienrealität; und

(4) die Entwicklung der Medienlogik zum kommunikations- und handlungsleitenden Kalkül politischer Akteure (Marcinkowski 2015: 80).

Prozesse sozialen Wandels nach Schulz

Auch die von Winfried Schulz (2004, vgl. Mazzoleni & Schulz 1999) benannten vier Prozesse sozialen Wandels, bei denen die Medien eine Rolle spielen, hat Marcinkowski (2015: 76) an gleicher Stelle gebündelt:

(1) die Erweiterung menschlicher Kommunikationsmöglichkeiten in sachlicher, zeitlicher und sozialer Hinsicht (Extension),

(2) die Ersetzung sozialer Aktivitäten durch medienbezogene Aktivitäten (Substitution),

(3) die Verknüpfung medialer und nicht medialer Aktivitäten (Amalgamierung) und

(4) die Anpassung sozialen Verhaltens an Gesetzmäßigkeiten medialer Kommunikation (Akkommodation).

Diese vier Begriffe – Extension, Substitution, Amalgamation, Akkommodation (Schulz 2004) – gehören zum etablierten Standard der Medialisierungsforschung.

Kernsätze

„Die Konsequenz des prozessorientierten Denkens ist zunächst einmal, dass die Folgen der Medialisierung erst langfristig sichtbar werden und nicht etwa kurzfristiger Natur sind. Forschungsstrategisch folgt daraus, dass empirische Studien zur Medialisierung längsschnittartig bzw. intertemporal vergleichend angelegt sein müssen." (Marcinkowski 2015: 77)

3. Forschungslogiken der Medialisierungs- und Mediatisierungs-Forschung

3.1 Quantitative Verfahren

Der Aufsatz von Schulz (2004) und seine Absage an die Televisualisierung kann in gewisser Weise als Wendepunkt hin zu einer differenzierteren (Donges 2005), weniger negativen Beurteilung von Medialisierung und Mediatisierung gesehen werden, was überhaupt erst den Weg für weitere empirische Forschung bereitete. Diese lässt sich ebenfalls in unterschiedliche Ansätze unterteilen, wobei hier die vielfach besprochene Spaltung zwischen sogenannten qualitativen und quantitativen Verfahren (gemeint sind damit immer auch unterschiedliche Grade von Standardisierung im Erhebungsprozess) eine Rolle spielt, die vielfach, aber nicht zwangsläufig, auch entlang der Grenze von Mediatisierung und Medialisierung verläuft. Zuletzt werden jedoch zunehmend Forderungen nach integrativen Ansätzen stärker, die versuchen, quantitative und qualitative Methoden miteinander zu kombinieren.

Zunächst einmal erscheint es sehr leicht und logisch, einen Prozess wie Mediatisierung oder Medialisierung quantitativ zu erheben, denn schließlich implizieren die Begriffe mit ihrer „ung"-Endung bereits eine stetige Zunahme von Mediatisierung oder Medialisierung. Um dies zunächst ganz einfach zu halten, könnte man die Medialisierung des Sports durch die Zunahme von Kameras beim jeweiligen Sportereignis messen. So lässt sich zum Beispiel die Medialisierung der Universitäten am Ausbau der Öffentlichkeitsarbeit und hier etwa am Zuwachs an Personal oder an Personalausgaben festmachen. Doch hat Schulz (2004: 90) zu bedenken gegeben, dass Medialisierung eben über eine simple Kausallogik hinausgehe, welche die Welt in abhängige und unabhängige Variablen unterteile. Dies haben selbstverständlich auch die zahlreichen ertragreichen quantitativen Studien zur Medialisierung etwa von Politik beherzigt. Anhand einiger Studien von Hans Mathias Kepplinger soll im Folgenden beispielhaft das Forschungsdesign quantitativer Analysen zu Medialisierung und Politik vorgestellt werden.

Forschungsdesign quantitativer Studien

Kepplinger hat sehr viel in diesem Bereich geforscht und die Ergebnisse in Büchern wie *Die Demontage der Politik in der Informationsgesellschaft* (Kepplinger 1998) oder *Abschied vom rationalen Wähler – warum Wahlen im Fernsehen entschieden werden* (Kepplinger & Maurer 2005) publiziert, wobei die Titel durchaus eine kritische Haltung speziell gegenüber dem Fernsehen offenbaren. Bei der Beschreibung des Untersuchungsdesigns werden im Folgenden auch die

Beiträge „Mediatization of Politics: Theory and Data" (Kepplinger 2002) und „Kleine Anfragen: Funktionale Analyse einer parlamentarischen Praxis" (Kepplinger 2007a) herangezogen. Hier werden die quantitative Erfassung der Kleinen Anfragen im Bundestag von der ersten bis zur zwölften Legislaturperiode (1949 bis 1994) mit einer umfangreichen quantitativen Inhaltsanalyse der Medienberichterstattung über die Parlamentstätigkeiten von 1951 bis 1995 (siehe hierzu auch Kepplinger 1998) und einer quantitativen Befragung von Abgeordneten des Deutschen Bundestages 2002 (siehe hierzu auch Kepplinger & Maurer 2005) kombiniert.

Kleine Anfragen Für seine Forschung wählt Kepplinger die zunächst unscheinbar wirkende Kleine Anfrage im Parlament. Diese gab es bereits 1912 in der Geschäftsordnung des Reichstages. Sie wurde in die Geschäftsordnung des Bundestages übernommen und spielte zunächst keine Rolle. Seit Beginn der 1980er-Jahre (auch nach dem Einzug der Grünen ins Parlament) wurde sie zunehmend ein Instrument der Opposition, um die Regierung und ihre Ministerien zu kontrollieren. Die Ministerien müssen die Anfragen beantworten, was via Medienberichterstattung dann auch als Arbeitsnachweis des Fragestellers vermarktet werden kann. Entsprechend wurde die Kleine Anfrage im Zeitverlauf von Politiker*innen als Instrument entdeckt, um öffentliche Aufmerksamkeit für sich und die eigenen Anliegen zu wecken.

An die Literatur unter anderem von Altheide und Snow (1979) und Mazzoleni und Schulz (1999) anschließend, formuliert Kepplinger folgende Hypothesen:

- Mitglieder des Bundestages haben ihre Aktivitäten im Zeitverlauf an die Erwartungen der Medien, besonders an die regionalen Medien in ihrem Wahlkreis, angepasst.
- Deutsche Politiker*innen geben zunehmend Statements ab, die Konfliktpotenzial haben, Aktivität anzeigen oder einfordern, weil diese einen hohen Nachrichtenwert besitzen und entsprechend den Eindruck politischer Aktivität erwecken.
- Diese veränderten Aktivitäten der Politiker*innen verändern auch die Berichterstattung über Politik, sodass zunehmend über „information-generating activities" berichtet wird, statt über „decision-making activities" (Kepplinger 2002: 974).

Um diese Hypothesen zu prüfen, wurden zunächst alle mündlichen und auch schriftlichen (seit der 6. Wahlperiode von 1969 bis 1972) Anfragen (n=149.741), alle öffentlichen Anhörungen (n=1.044) und alle Aktuellen Stunden (seit 1965) (n=414) erfasst und im Zeitverlauf von der ersten (1949–1953) bis zur zwölften Legislaturperiode

(1990–1994) analysiert (Kepplinger 1999: 57). Außerdem wurde eine aufwändige Inhaltsanalyse der Politikberichterstattung in drei überregionalen deutschen Tageszeitungen über den Zeitraum von 1951 bis 1995 durchgeführt. Ausgewählt wurden hierfür die *Welt*, die *Frankfurter Allgemeine Zeitung* und die *Süddeutsche Zeitung*. Eine Stichprobe von 18 Ausgaben pro Jahr wurde aus der Grundgesamtheit aller Ausgaben pro Zeitung gezogen, was eine Stichprobe von 2.430 Ausgaben aus 45 Jahren ergibt (Kepplinger 1998: 243). In einem größeren DFG-Projekt codierten dann 65 Studierende mittels eines 120-seitigen Codebuchs über 18 Monate (Kepplinger 2002: 976) alle Artikel der „Deutschlandberichterstattung über das politische Geschehen", wobei alle Darstellungsformen von Nachrichten und Berichten hin zu Kommentaren und Leitartikeln berücksichtigt wurden, weshalb schließlich fast 30.000 Artikel (n=29.139) codiert wurden (Kepplinger 1998: 247).

Später wurden zur Bundestagswahl 2002 Oppositionspolitiker*innen im Rahmen einer Studie schriftlich befragt, da diese in besonderem Maße die Kleine Anfrage an die Regierung bemühen. Insgesamt nahmen 81 Abgeordnete an der Befragung teil, 54 der CDU/CSU-Fraktion, 20 von der FDP und 7 PDS-Abgeordnete. Die eher geringe Rücklaufquote von nur 25 Prozent erklärt Kepplinger mit der „turbulente[n] Endphase des Wahlkampfs" und damit, dass einige der angeschriebenen Parlamentarier*innen nach der Wahl nicht mehr Mitglieder des Bundestages waren. Dennoch seien die Antworten der 81 Abgeordneten „eine brauchbare Basis für verallgemeinerbare Aussagen über die *Ursachen* der Kleinen Anfragen, ihre *Verwendung* und die *Quellen* ihrer Themen" (Kepplinger 2007a: 310, Hervorhebungen im Original). Die Ergebnisse dieser quantitativen Studien werden später im Kapitel zu den empirischen Befunden zur Medialisierung der Politik erläutert.

Auch in der Mediatisierungsforschung spielen quantitative Aspekte insofern eine Rolle, als im Verlauf der Menschheitsgeschichte schlicht immer mehr Kommunikationsmedien hinzugekommen sind. Dies wird beschrieben als fortlaufender „Prozess der Verbreitung von technischen Kommunikationsmedien in

(a) zeitlicher,

(b) räumlicher und

(c) sozialer Hinsicht" (Hepp, Bozdag & Suna 2011: 9; vgl. Krotz 2001: 22).

> **Kernsätze**
>
> „Zeitlich stehen alle Medien insgesamt, aber auch jedes einzelne in immer größerer Anzahl zu allen Zeitpunkten zur Verfügung und bieten immer dauerhafter Inhalte an. Räumlich finden sich Medien an immer mehr Orten und sie verbinden zu immer mehr Orten – potenziell oder tatsächlich. Und schließlich sozial und in ihrem Sinnbezug entgrenzen sich Medien, weil sie allein oder in Kombination in immer mehr Situationen und Kontexten, mit immer mehr Absichten und Motiven verwendet werden, und zwar sowohl kommunikator- als auch rezeptionsseitig." (Krotz 2001: 22)

Entscheidend sind aber die qualitativen Veränderungen, die mit dieser quantitativen Zunahme einhergehen. Die zunehmende Zahl an Medien und ihre Vernetzung, ihr Ineinandergreifen werden immer wichtiger für die menschliche Kommunikation insgesamt. Dabei ist der Medienwandel ein entscheidender Teil des fortlaufenden soziokulturellen Wandels, der insgesamt im Vordergrund der Betrachtung steht.

3.2 Qualitative Verfahren

In der Mediatisierungsforschung geht es vor allem um die Qualität der Mediatisierung. Es ist also nicht so entscheidend, wie viel sich etwas ändert, sondern *wie* sich der Medienwandel auf den gesellschaftlichen Wandel auswirkt und andersherum. Dabei ist es schon von Belang, wie oft wir zum Beispiel zum Smartphone greifen. Viel bedeutender ist es aber, wie dies die Interaktion mit unseren Mitmenschen verändert. Wie viele Medien sich zum Beispiel in unserer Wohnung oder unserem Haus befinden, ist natürlich nicht unerheblich. Die Frage aber, wie sich unsere Nutzung in „konvergierenden Medienumgebungen" (Hasebrink & Domeyer 2010) wandelt, ist bedeutender. So werden die Veränderungen auf der Mikroebene der zwischenmenschlichen Kommunikation an den gesellschaftlichen und sozialen Wandel rückgebunden und umgekehrt. Denn „wenn – im Sinne der Giddens'schen Strukturierungstheorie – die Bedingungen auf der Strukturebene die Rahmenbedingungen für individuelle Handlungsprozesse und soziale Praktiken bilden, gehen daraus Rückwirkungen auf die Systemebene und damit für gesellschaftliche Kommunikationsprozesse hervor" (Steinmaurer 2016: 365). Es ist also davon auszugehen, dass der jeweilige Umgang mit den Medien in allen Lebensbereichen sich in der Summe gesamtgesellschaftlich auswirkt und gleichfalls natürlich auch gesamtgesellschaftlich bedingt

3. Medialisierungs- und Mediatisierungs-Forschung

ist. Ein besonders aufwändiges Untersuchungsdesign, dessen Ergebnisse später auch präsentiert werden, soll hier vorgestellt werden.

Aus der Domestizierungsforschung (u.a. Hartmann 2013) kommend hat Jutta Röser mit ihren Mitarbeiter*innen über Jahre hinweg die Mediennutzung von 25 heterosexuellen Paaren im „Mediatisierten Zuhause" untersucht. Dezidiert wird hier die Vorstellung einer universellen Medienlogik abgelehnt. Stattdessen wird davon ausgegangen,

> „dass sich Mediatisierungsprozesse innerhalb verschiedener Handlungsfelder auf je spezifische Weise entfalten. Ein solches Handlungsfeld, auf dem die sich wandelnden Medien und das kommunikative Handeln der Menschen auf spezifische Weise aufeinandertreffen, stellt das Zuhause dar, das wir hier als eine von vielen, sich teils überschneidenden ‚mediatisierten Welten' ins Zentrum unseres Interesses stellen. Wir fassen das Zuhause somit als einen Ort, an dem sich Mediatisierungsprozesse konkretisieren" (Röser, Müller, Niemand & Roth 2017: 143).

Ausgangspunkt der Studien von Röser und ihrem Team war und ist die Domestizierung des Internets. Wann und wie zog das Internet bei uns zu Hause ein, und wie hat das wiederum das Medienhandeln, etwa eingeübte Praktiken des Fernsehens, aber auch darüber hinaus das Leben beeinflusst? Und andersherum stellt sich die Frage, wie etwa Veränderungen im Leben zu Veränderungen im Umgang mit Medien führen. Mediatisierung und Domestizierung gemeinsam ermöglichen die Verbindung der Mikroperspektive auf die Aneignung von Medien als kommunikatives Handeln mit einer Prozessorientierung, die sich in der jeweiligen Betonung der historischen Perspektive widerspiegelt.

Begriffe

Domestizierung beschreibt zunächst einmal das In-das-Haus-Bringen, einstmals von Wildtieren. Auf Medien und Technologien übertragen kommt zum Prozess des Medien-häuslich-Machens auch noch jener des Zu-eigen-Machens hinzu. Dies bezieht sich auf Medienobjekte und Medieninhalte in den Alltagsroutinen der Mediennutzer*innen gleichermaßen (Hartmann 2013: 37, 146).

Um Antworten auf diese komplexen Fragen zu finden, muss man zu den Menschen nach Hause gehen, so wie dies Thorsten Quandt und Thilo von Pape getan haben (Quandt & von Pape 2010). Und so haben auch Röser und ihr Team für ihre „ethnographisch orientierten

Haushaltsstudien" (Röser & Peil 2012: 143) die zuvor aufwändig ausgewählten Männer und Frauen, systematisch quotiert nach Alter und Schulbildung, in ihrem jeweiligen Zuhause mehrfach besucht und befragt.

Verfahren

„Die Haushaltsstudien umfassten eine schriftliche Befragung im Vorfeld und einen Besuch des Paares zu Hause, wo ein ausführliches leitfadengestütztes Interview und eine gemeinsame Wohnungsbegehung stattfanden. Mann und Frau wurden in jedem Haushalt zusammen interviewt, weil unser erstrangiges Interesse nicht dem Individuum galt, sondern (im Sinne der Ethnografie) den sozialen Konstellationen, gemeinschaftlichen Kommunikationspraktiken und geschlechtsgebundenen Arrangements, die auch den Alltag der Paare prägen. Zudem erwies sich dieses Setting als sehr vorteilhaft gegenüber Einzelinterviews, wenn es um die Rekonstruktion der Frühzeit der Internetnutzung ging, weil die Partner ihre Erinnerungen gegenseitig stützten, ergänzten und korrigierten. Während der Interviews kamen weitere Erhebungsinstrumente zum Einsatz (Fragebogen, Zeitleiste, Liste zu genutzten Onlineanwendungen), die einerseits Impulse für die Erinnerungen gaben und andererseits einer umfassenden Dokumentation der inhaltlichen Nutzungsdimension dienten. Die Wohnungsbegehung enthielt die Besichtigung der Räume, in denen das Internet genutzt wurde, sowie das Fotografieren des Standorts von Computer und Peripheriegeräten." (Röser & Peil 2010a: 486)

Die methodischen Probleme ihrer Panelstudie werden von den Forscherinnen ausführlich reflektiert. Aber gerade durch die Fülle von unterschiedlichen Methoden können die Nachteile der einen durch jeweils andere aufgefangen werden. Außerdem wurden quantitative Daten genutzt, allerdings nicht selbst erhoben: Hier handelte es sich um die Sekundäranalyse von Daten zur Internetverbreitung, die von der ARD/ZDF-Projektgruppe Multimedia zur Verfügung gestellt wurden (Röser & Peil 2010a: 485).

Akteure

Jutta Röser

Jutta Röser, 1959 in Köln geboren, studierte von 1979 bis 1986 Publizistik, Germanistik, Politik und Soziologie an der Westfälischen Wilhelms-Universität Münster, war dort anschließend Lehrbeauftragte und ab 1991, seit ihrer Promotion, wissenschaftliche Mitarbeiterin am Institut für Kommunikationswissenschaft, das damals noch Institut für Publizistik hieß. Von

3. Medialisierungs- und Mediatisierungs-Forschung

1993 bis 1999 war sie wissenschaftliche Assistentin am Institut für Journalistik und Kommunikationswissenschaft an der Universität Hamburg, wo sie sich 2000 mit einer Arbeit über *Fernsehgewalt im gesellschaftlichen Kontext* (Röser 2000) habilitierte. Es folgten Vertretungs- und Gastprofessuren an den Universitäten Hamburg, Bochum, Lüneburg und Zürich, bevor sie 2003 Professorin für Kommunikationswissenschaft an der Universität Lüneburg wurde und zu *MedienAlltag. Domestizierungsprozesse alter und neuer Medien* (Röser 2007) und *Alltag in den Medien – Medien im Alltag* (Röser, Thomas & Peil 2010) forschte. Seit 2012 ist Röser als Professorin für Kommunikationswissenschaft mit dem Schwerpunkt Mediensoziologie (zurück) am Institut für Kommunikationswissenschaft der Westfälischen Wilhelms-Universität Münster.

Das Sample von 25 Haushalten, also 50 Personen, konnte über einen Untersuchungszeitraum von 2008 bis 2016 zusammengehalten werden. 2016 wurden die Haushalte nicht wieder besucht, sondern es wurde nur noch eine schriftliche Befragung durchgeführt, wobei dann leider nicht mehr alle Fragebögen ausgefüllt wurden. 2008, 2011 und 2013 jedoch konnte immer das gesamte Sample befragt und besucht werden. Allerdings hatten sich insgesamt drei Paare in der Zwischenzeit getrennt, weshalb 2013 dann 28 Haushalte besucht wurden. Dadurch, dass die Studien von Jutta Röser und ihrem Team über mehrere Jahre hinweg (2008, 2011, 2013, 2016) wiederholt wurden, kann hier tatsächlich die *Mediatisierung des Zuhauses* im Zeitverlauf analysiert werden. Ein solches diachrones Forschungsdesign wird, wie erwähnt, sowohl in der Mediatisierungs- (Hepp, 2013b: 194) als auch in der Medialisierungsforschung gefordert. Dies erfordert weiterhin die Kombination unterschiedlicher Herangehensweisen und Methoden sowie die Analyse von „Quellen, die sonst vor allem in der historischen Forschung verwendet werden (etwa: Akten, Zeitzeugen- oder Experteninterviews, Tagebücher, Autobiografien, Statistiken)" (Meyen 2014: 381–382). Da rein qualitative wie auch rein quantitative Ansätze oft viele Fragen offen ließen, verspricht die Verknüpfung von mehreren Methoden, Triangulation oder auch Mehrmethodendesigns genannt, umfassendere Antworten.

4. Empirische Befunde

4.1 Studien zur Mediatisierung des Zuhauses

Vermutlich reicht ein Rundumblick in den eigenen vier Wänden, um sich der Mediatisierung unseres Zuhauses zu vergewissern. Insbesondere das Internet ist in fast alle Haushalte eingezogen und hat so unsere Gesellschaft und das Zuhause nachhaltig verändert. Die empirischen Befunde der qualitativen Forschung hierzu sollen im Folgenden dargestellt werden. Für diese Form von „ethnographisch orientierten Haushaltsstudien" (Röser & Peil 2012: 143) werden die Menschen im eigenen Zuhause besucht und dabei das gesamte häusliche Medienrepertoire vor dem Hintergrund der Domestizierung des Internets und des Medienwandels betrachtet. Das Hauptaugenmerk liegt auf den Veränderungen und dem beobachtbaren Wandel.

Bedeutung des Fernsehens

Ein Teilaspekt dieser Betrachtung des häuslichen Medienensembles ist aber, dass „dem Fernsehen im häuslichen Wohnzimmer weiterhin eine zentrale Bedeutung zukommt". Das Fernsehen könne bei der Gestaltung des Alltags sogar als „das wichtigste und faszinierendste Medium angesehen werden" (Röser & Hüsig 2012: 35). Diese Kontinuität in all dem Wandel haben dann Hepp und Röser im Synergien-Band des Schwerpunktprogrammes *Mediatisierte Welten* (Krotz, Despotović & Kruse 2014) im Anschluss an Elias (1993: 161) als „Beharrung" bezeichnet (Hepp & Röser 2014). Der Begriff verdeutlicht, dass etablierte Praktiken durch die Integration neuer Medien in das Zuhause nicht automatisch geprüft und durch neue Medienpraktiken abgelöst werden. 2013 gaben über zwei Drittel der befragten Paare an, an „drei bis vier Abenden in der Woche gemeinsam fernzusehen" (Müller & Röser 2017: 145).

Schlüsselstudien

Die Domestizierung des Internets im mediatisierten Zuhause wurde zu vier Erhebungszeitpunkten zwischen 2008 und 2016 erforscht und kann in Summe als einer der bedeutenden Forschungsbeiträge im Bereich der Mediatisierungsforschung angesehen werden. Ausgangspunkt war das von der Deutschen Forschungsgemeinschaft (DFG) geförderte Projekt „Die Domestizierung des Internets 1997–2007" (2008–2010). In der ersten Erhebung 2008 wurde der Verlauf der Domestizierung des Internets retrospektiv in den befragten Haushalten rekonstruiert. Daran schlossen sich die insgesamt drei Projekte „Das mediatisierte Zuhause I–III" (2010–2016) innerhalb des DFG-Schwerpunktprogramms „Mediatisierte Welten" an.

Dennoch hat sich mit dem Einzug des Internets in die häusliche Medienumgebung vieles im Alltag und im kommunikativen Zusammenleben verändert. Dabei hatte der Computer zunächst, anders als das Fernsehen in den 1960er- und 1970er-Jahren das Wohnzimmer, das Arbeitszimmer erobert, wovon aber der Fernseher im Wohnzimmer nicht unberührt blieb. Erst recht nicht, als das Internet integraler Bestandteil der Computernutzung wurde. Wie und wann das Internet in die Haushalte kam, haben Röser und Peil in der ersten Panelstudie untersucht und dabei zwei unterschiedliche Gruppen von Haushalten ermittelt:

– in den (späteren) 1990er-Jahren waren *Impulse am Arbeitsplatz oder in der (universitären) Ausbildung* der Grund für einen häuslichen Internetanschluss; und
– ab den 2000er-Jahren fand der Zugang zum Internet speziell über den *häuslichen Kontext und sozialen Nahbereich* statt. (Röser & Peil 2010a: 493, Hervorhebungen im Original)

Insgesamt hat die Domestizierung des Internets (s.o.) dazu geführt, dass auch breitere Bevölkerungskreise, „Frauen, Ältere und Menschen mit einfacher Schulbildung und ohne beruflichen Kontakt zum neuen Medium gefunden haben", wobei hier „Teilhabe nicht mit Egalität gleichzusetzen" sei (Röser & Peil 2010a: 500). Die Forscherinnen können hier mit Blick auf die Geschlechterkonstellation bei den hier untersuchten heterosexuellen Paaren allgemeine Befunde bestätigen und erklären:

Einfluss des Internets

> *„Zwar haben Frauen in den 2000er-Jahren millionenfach zum Internet gefunden, jedoch blieb dabei der Abstand zu Männern im Hinblick auf Reichweite, Nutzungsintensität und -vielfalt weitgehend erhalten, weil dieses Gefälle in der Mehrheit der Paarbeziehungen im alltäglichen Gebrauch konstituiert wurde"* (Röser & Peil 2010a: 500).

Während die erste Phase stark von Männern dominiert wurde, zeigten sich die Geschlechterverhältnisse in der Öffnungsphase vielfältiger. 14 von 25 Haushalten zählen zu der zweiten Phase, wobei in sieben Fällen der Mann die treibende Kraft hinter dem Internetanschluss war, in drei Fällen die Frau und viermal beide Partner gemeinsam. Durch die Alltagsintegration wurde das Internet „immer weniger nur als Arbeitsinstrument oder technische Innovation, sondern zunehmend als Alltags-, Kommunikations- und Unterhaltungsmedium wahrgenommen". Entsprechend unwichtiger wurde im Zeitverlauf seine „geschlechtsgebundene Kodierung" (Röser & Roth 2015: 307). Dennoch lässt sich beobachten, dass, obwohl „die Mediatisierung der häuslichen Sphäre eine Neuaushandlung der digitalen Zuständigkeiten erfordert und ermöglicht", diese doch „(einvernehmlich) in ‚altbewährte' geschlechterdifferente Praktiken integriert werden" (Röser, Müller, Niemand & Roth 2017: 156; vgl. Röser & Roth 2015). Bei den 2008 interviewten Paaren kristallisierte sich heraus, dass sie das Internet nutzten, um „zumindest einen Teil des Alltags [...] online zu organisieren, beispielsweise Reisen zu buchen, Eintrittskarten zu kaufen, Fahrpläne zu recherchieren oder Einkäufe zu tätigen" (Röser & Peil 2012: 157).

Doch damit waren die Möglichkeiten des Netzes natürlich bei weitem nicht ausgeschöpft. Es ist deshalb von besonderer Bedeutung, dass diese Studie noch drei Mal, nämlich 2011, 2013 und 2016, wiederholt werden konnte. Dabei konnte eine umfangreiche Integration mobiler Medien in das Zuhause beobachtet werden, vor allem durch den Einsatz von Laptops, Smartphones und Tablets. 2008 nutzten nur sehr wenige Paare das Internet parallel zum Fernsehen, 2011 waren es bereits 10 Paare, und 2013 nutzten 18 Paare ganz selbstverständlich einen Second Screen (Müller & Röser 2017). Dabei bleibt zu berücksichtigen, dass keine neuen, jüngeren Paare zum Panel hinzugekommen sind, bei denen die Internetnutzung via Tablet oder Smartphone gegebenenfalls noch ausgeprägter gewesen wäre (siehe hierzu etwa die Befunde zur Vergemeinschaftung von Jugendlichen im anschließenden Kapitel). Aber auch die untersuchten Personen, 25 bis 64 Jahre (2008) bzw. 30 bis 69 Jahre (2013) alt, konnten sich 2016 „nicht mehr vorstellen, zu Hause auf das Internet zu verzichten", und das (anders als 2008) unabhängig von Lebensalter und beruflichem Hintergrund, egal ob sie nun junge Eltern oder Rentner sind oder von Beruf Anwalt, Lehrerin, Buchhalterin oder Müllwerker (Röser, Müller, Niemand & Roth 2017: 149).

Betrachten wir die Praxis des Second Screen zwischen Kontinuität und Wandel, dann ist hier tatsächlich „etwas Neues entstanden, basierend auf der Dialektik von Dynamik und Beharrung im häuslichen Medienhandeln der Paare" (Röser, Müller, Niemand & Roth 2017: 151). Es lassen sich durchaus Unterschiede zwischen den Paaren feststellen, die gemeinsam Fernsehen, dabei aber jeweils noch Nachrichten mit Freunden schreiben oder im Internet recherchieren, und den durch Trennung mittlerweile Alleinlebenden in der Studie, bei denen vor allem der Kontakt zu anderen über soziale Netzwerke die neue Einsamkeit statt der gewohnten Zweisamkeit vor dem TV auffangen soll (Müller & Röser 2017). Der Fernsehabend bleibt bestehen und verändert sich doch langsam, denn er wird ergänzt um die begleitende Internetnutzung etwa auf dem Tablet.

Doch neben diesen langsamen Veränderungen können auch plötzliche Veränderungen im Medienhandeln festgestellt werden, die häufig durch veränderte Lebensumstände ausgelöst werden: etwa durch Trennung, Tod oder die Geburt eines Kindes, aber auch durch weniger existenzielle Veränderungen wie einen Umzug, einen neuen Beruf oder den Eintritt ins Rentenalter. Besonders intensiv beleuchten Röser und ihr Team das veränderte Mediennutzungsverhalten nach der Geburt eines Kindes und stellen folgende Phänomene fest:

- Intensivere Onlinenutzung der Paare, die im Netz zu Themen rund um kindliche Erziehung und Gesundheit recherchieren,
- erhöhte Nutzung von Onlineshopping, um Zeit zu sparen und nicht aus dem Haus zu müssen,
- vermehrte Nutzung von E-Mail oder WhatsApp, weil Telefonieren mit einem Baby oft nicht möglich ist,
- Rückgang des freizeitorientierten Medienkonsums, weil das Kind sehr viel Zeit beansprucht,
- vermehrte Nutzung von Second Screen, nicht-linearem Fernsehen oder des Smartphones, beispielsweise während des Stillens (Röser, Müller, Niemand & Roth 2017: 153).

Nichts, so lassen sich die Ergebnisse zusammenfassen, bewirkt so viel Dynamik in Bezug auf die Mediatisierung des Zuhauses wie lebensweltliche Zäsuren, die den Alltag stark verändern. Speziell zu solchen Umbrüchen hat innerhalb des Projekt Stephan Niemand (2020, 2021a) geforscht und sich unter anderem damit beschäftigt, „[w]ie und warum junge Eltern nach der Geburt eines Kindes ihre Mediennutzung anpassen" (Niemand 2021b: 79). Insgesamt lassen sich also tatsächlich Umwälzungen des Alltags feststellen, die dann auch das Medienhandeln beeinflussen, während „das Narrativ vom ‚revolutionären Umbruch' durch digitale Medien abermals zurückgewiesen werden" müsse, „zugunsten der Betonung einer allmählichen Transformation des mediatisierten Zuhauses unter der ebenso alltagsbezogenen wie eigensinnigen Handlungshoheit der Mediennutzer und -nutzerinnen" (Röser, Müller, Niemand & Roth 2017: 158).

Neben Wandel, das dürfte deutlich geworden sein, bleibt bei der Erforschung des *Mediatisierten Zuhauses* die Beobachtung von „Beharrung" ein spannendes Phänomen, welches sich auch bei Erforschung der Mediatisierung unseres Alltags zeigt.

4.2 Studien zur Mediatisierung der Lebenswelt

‚digital natives'

Wie die Studien zum Einzug des Internets in den Wohnraum gezeigt haben, hat das Internet gleichsam die Lebenswelt verändert. Vielen Menschen, ob alt oder jung, erscheint ein Leben ohne Internet nicht mehr vorstellbar. Doch während ältere Menschen sich zum Teil mühsam die neue digitale Welt erschließen müssen, wachsen junge Leute ganz selbstverständlich mit den neuen Technologien auf. In diesem Zusammenhang betont das Schlagwort der „digital natives" (Prensky 2001; Palfrey & Gasser 2008) zunächst einen grundlegenden, geradezu epochalen Wandel bei Jugendlichen. Allerdings weisen Andreas Hepp, Matthias Berg und Cindy Roitsch darauf hin, „dass es *die* Generation der ‚digital natives' so einfach nicht gibt", weshalb die ‚digital natives' in ihrem Projekttitel „Mediatisierte Alltagswelten translokaler Vergemeinschaftung: Die kommunikative Vernetzung und medienvermittelte Gemeinschaftsbildung der ‚digital natives'" im Schwerpunktprogramm „Mediatisierte Welten" auch nur in Anführungszeichen stehen (Hepp, Berg & Roitsch 2012: 228–229, Hervorhebung im Original). Der Generationenbegriff ist dennoch wichtig für die Forscher*innen, da neben den Jugendlichen auch die medienvermittelte Gemeinschaftsbildung von Menschen mittleren Alters und älterer Menschen analysiert werden und dann miteinander in Beziehung gesetzt werden können.

Medienethnografische Miniaturen

Auch bei der Studie zur Vergemeinschaftung von Jugendlichen in mediatisierten Welten kam eine aufwändige Methodenkombination zum Einsatz. Auf der Basis von durchschnittlich zweistündigen qualitativen Interviews sowie einer Visualisierung des jeweiligen Kommu-

4. Empirische Befunde

nikationsnetzwerkes, eines einwöchigen Medientagebuchs und einer Dokumentation der verschiedenen Mediennutzungsorte wurden sogenannte „medienethnografische Miniaturen" (Bachmann & Wittel 2006: 191) von insgesamt 60 Personen im Alter zwischen 16 und 30 Jahren aus Bremen bzw. Leipzig und Umgebung erstellt. Die Kodierung des umfangreichen Materials orientierte sich an der Grounded Theory (Krotz 2005; Scheu 2016) und der qualitativen Netzwerkanalyse (Hepp 2011; Hepp 2016a). Die Forscher*innen verweisen auf die quantitativen Aspekte von Mediatisierung, betonen aber, dass hier die qualitativen Aspekte relevanter seien.

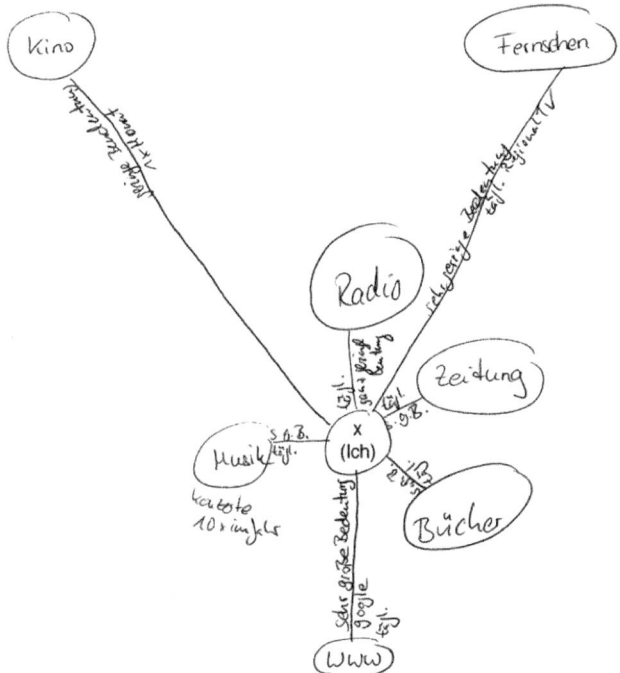

Abbildung 1: Netzwerkkarte standardisierter Kommunikation (Hepp, Berg & Roitsch 2012: 247).

Fallbeispiele

Schaut man auf die Netzwerkkarte der standardisierten Kommunikation der 27-jährigen Hotelfachfrau Swantje Knebel (siehe Abb. 1), so wird deutlich, welch große Rolle Zeitungen und Bücher spielen, wie unwichtig sie klassisches Fernsehen einschätzt und dennoch täglich nutzt und welche hohe Bedeutung sie dem

4. Empirische Befunde

Internet beimisst. Die wichtige Rolle des Internets findet sich dann auch in der persönlichen Kommunikation (siehe Abb. 2) von Swantje Knebel, die mit vielen Freunden, Bekannten und der Familie via E-Mail oder Facebook kommuniziert und auch im Interview seufzend gesteht, dass Facebook „echt täglich" läuft und sie bereits, noch während sie Kaffee kocht „kurz mal in den E-Mail- Kasten guck[t]" (Hepp, Berg & Roitsch 2012: 245).

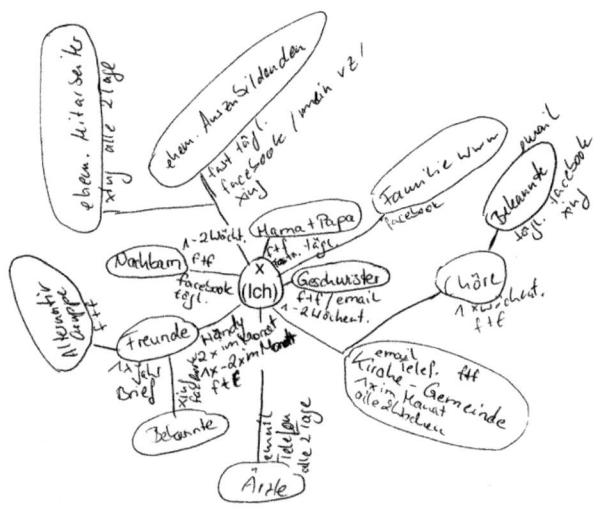

Abbildung 2: Netzwerkkarte personaler Kommunikation (Hepp, Berg & Roitsch 2012: 246).

Zwei Arten von Vergemeinschaftung

Insgesamt können zwei Arten von Vergemeinschaftung unterschieden werden (siehe Abb. 3). Unter mediatisierten Vergemeinschaftungen sind „solche Formen von Vergemeinschaftung", zu verstehen, „für die Mediatisierung zwar nicht konstitutiv ist, die aber zunehmend durch Mediatisierung in ihrer jeweils spezifischen Form geprägt sind". Als Mediatisierungsvergemeinschaftungen werden wiederum „solche Formen von Vergemeinschaftung", verstanden, „für deren Artikulation technische Kommunikationsmedien konstitutiv sind" (Hepp, Berg & Roitsch 2012: 251–252; Hepp, Berg & Roitsch 2014: 56).

4. Empirische Befunde

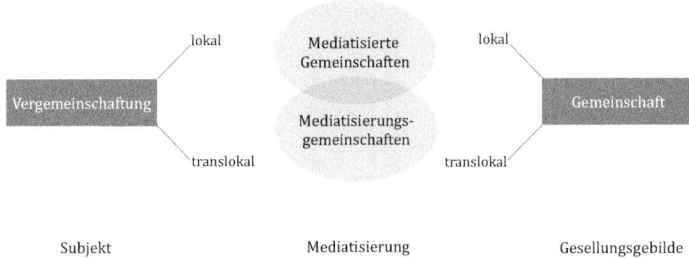

Abbildung 3: Mediatisierte Gemeinschaften und Mediatisierungsgemeinschaften (Hepp, Berg & Roitsch 2014: 57).

Insgesamt werden zunächst vier Typen entwickelt, und zwar „Lokalisten", „Zentristen", „Multilokalisten" und „Pluralisten". Diese sind dadurch charakterisiert, dass Lokalisten auf das „jeweils direkte Lebensumfeld" ausgerichtet sind, die Vernetzungen von Zentristen um eine „spezifische thematische Gemeinschaft angeordnet sind", jene der Multilokalisten an definierten Orten orientiert ist, während die vielfältigen Vergemeinschaftungen der Pluralisten „zum Teil unverbunden nebeneinander stehen" (Hepp, Berg & Roitsch 2014: 248–249). Ihnen allen ist zwar gemeinsam, dass Dynamiken der Mediatisierung insgesamt ihre Vergemeinschaftungen prägen. Jedoch lassen sich daneben auch Momente der Beharrung analysieren. Während bei Multilokalisten und Pluralisten vielfach die Mediatisierungsgemeinschaften dominieren, ist bei Lokalisten und auch bei Zentristen zu beobachten, dass diese Typen auch nicht-mediatisiert vorkommen können. Die Befunde schränken auch die Erklärungskraft des Begriffs der ‚digital natives' stark ein und zeigen auf, wie wenig durch den „Mediatisierungsschub der Digitalisierung ein *einheitlicher* mediatisierter Vergemeinschaftungshorizont entsteht" (Hepp, Berg & Roitsch 2014: 248, Hervorhebung im Original). Bei der Beschäftigung mit älteren Menschen wurde schließlich noch ein weiterer Typus manifest, der sich latent auch schon bei den Jugendlichen zeigt. Diese wenigen „Isolationisten" sind oft nur sehr eingeschränkt kommunikativ vernetzt (Hepp, Berg & Roitsch 2017: 94). Bei einer zweiten Datenerhebungswelle wurden 58 ältere Menschen zwischen 60 und 88 Jahren und allesamt im Ruhestand befragt, später dann noch Menschen mittleren Alters (31–59 Jahre). Insgesamt, so lässt sich zusammenfassen, agieren junge Menschen sehr unterschiedlich in der mediatisierten Welt, vernetzen sich auch nicht-mediatisiert – und doch lassen sich Typen

Mediengenerationen

entlang der Dimensionen von mediatisierten Vergemeinschaftungen und Mediatisierungsvergemeinschaftungen bilden.

Orientiert am Generationenbegriff von Karl Mannheim (1964) und auf der Basis der Forschung zur Vergemeinschaftung haben Hepp, Berg und Roitsch sich den Mediengenerationen angenommen.

> **Begriffe**
>
> „Als Mediengeneration lässt sich [...] *die Verdichtung einer Altersgruppe oder mehrerer Altersgruppen von Menschen definieren, die in ihrer Medienaneignung einen spezifischen Erfahrungsraum von Mediatisierung sowie ein generationelles, sich auf die eigene Medienbiografie stützendes Selbstverständnis als eine Mediengeneration teilen.*" (Hepp, Berg & Roitsch, 2017: 86, Hervorhebung im Original)

Wichtig ist zu betonen, dass es sich bei Mediengenerationen keinesfalls um ein statisches Konzept handelt, sondern eine solche nur im jeweiligen Moment und nur in Abgrenzung gegenüber anderen Mediengenerationen hergestellt werden kann (Hepp, Berg & Roitsch 2015: 30-31). Außerdem ist bedeutsam, dass hier die Medien im Zentrum der Betrachtung stehen und weitere Aspekte einer Generation wie „die 68er" außen vor bleiben. Gleichfalls aber entsteht durch die Medienaneignung eine generationelle Spezifik, durchaus im Sinne der auf Seite 36 erläuterten Kommunikativen Figurationen (u.a. Hepp & Hasebrink 2014a, 2014b) und stärker nach innen gedacht. Schließlich gibt es dann in diesem Zusammenhang die Positionierung gegenüber anderen, ebenso medienspezifisch, aber eher nach außen gerichtet (Hepp, Berg & Roitsch 2017: 87-88). Ausgangspunkt waren die so genannten ‚digital natives', die hier besser beschrieben sind mit dem Begriff der „digitalen Mediengeneration" (siehe Abb. 4). Zwischen diesen jungen Menschen und den heute älteren Menschen, der „massenmedialen Mediengeneration", befinden sich die heute mittelalten Menschen, die als „Sandwichgeneration" zwischen den anderen Generationen liegen und hier als „sekundär digitale Mediengeneration" bezeichnet werden (Hepp, Berg & Roitsch 2014: 30).

Massenmediale Mediengeneration

Die „massenmediale Mediengeneration" zeichnet sich vor allem durch eine besonders hohe Bandbreite von Personen aus, in deren „Medienrepertoires verschiedene digitale Medien eine große Bedeutung für die Vernetzung haben, bis hin zu solchen, in deren Repertoires digitale Medien praktisch nicht vorkommen" (Hepp, Berg & Roitsch 2017: 105). Der Name der Generation bezieht sich hier auf eine Mediensozialisation, die durch zwei Mediatisierungsschübe gekennzeichnet ist: Elektrifizierung und Digitalisierung. Die Erfahrung, erst Radio, dann Fernsehen und in einer viel späteren Lebensphase Computer, Internet und Smartphone kennengelernt zu haben, prägt diese Mediengeneration.

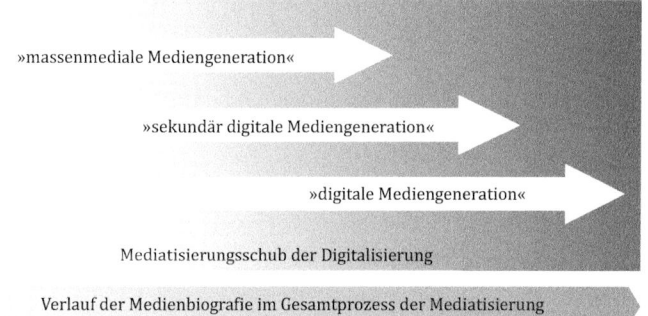

Abbildung 4: Prozessbegriff der Mediengenerationen (Hepp, Berg & Roitsch 2014: 30).

Natürlich sind Generationen auch Alterskohorten, aber das Geburtsjahr sagt nicht zwangsläufig etwas über die Zugehörigkeit zu einer Mediengeneration aus. Das wird auch bei der so genannten Sandwichgeneration der sekundär mediatisierten oder sekundär digitalen Mediengeneration deutlich. Die Nutzung von sozialen Netzwerken und Plattformen wie Facebook oder Whatsapp markiert innergenerationale Unterschiede, während der Gebrauch von Computer und Smartphone weitestgehend üblich ist. Hier lassen sich Verbindungen zur Forschung zum mediatisierten Zuhause ziehen und der dort beschriebenen Veränderung des Medienrepertoires durch die Geburt eines Kindes. So sah sich etwa Ada Hubertus, eine 35-jährige Logopädin aus Bremen, plötzlich als Mutter gezwungen, ihr Medienrepertoire zu erweitern, denn „wenn's um Gruppen geht, die sich verabreden, dann wird's schnell schwierig, wenn alle WhatsApp nutzen und man selber nicht". Auch Aileen Südermann, Flugbegleiterin, ebenfalls 35 und aus Bremen, griff beim Stillen ihres letzten Kindes zum Stillen des eigenen Nachrichtenhungers zunehmend zum Smartphone, weil dieses so „klein und handlich" ist (Hepp, Berg & Roitsch 2017: 102).

Sekundär mediatisierte Mediengeneration

Dies bringt uns wieder zurück zur „digitalen Mediengeneration", jenen zum Teil Nachgeborenen der Digitalisierung, die zumindest schon in einer digitalisierten Welt aufwuchsen und deren Vergemeinschaftung entsprechend stark, auch bei allen innergenerationellen

Digitale Mediengeneration

Unterschieden, digital geprägt ist. Die Vergemeinschaftung ist eine entscheidende „Antriebskraft, sich auf bestimmte Medien ‚einzulassen'" (Hepp, Berg & Roitsch 2017: 99).

Vergemeinschaftung im Kommunikationsraum

Durchaus im Anschluss an Hepp, Berg und Roitsch (2012, 2014) hat sich Christian Schwarzenegger in seiner 2017 erschienenen Dissertation ebenfalls der Vergemeinschaftung junger Menschen gewidmet, und zwar als Kommunikationsraum. Dabei kritisiert er die „echtzeit- und ubiquitätstrunkene Metaphorik und die digital berauschte Rhetorik mancher Medien-, Globalisierungs- und Sozialtheorie", die tatsächlich „die Bedeutungslosigkeit des Raumes angesichts je neuer Kommunikationsmedien postuliert" hätten (Schwarzenegger 2017: 277). Schließlich ist dieses Argument nicht neu. Heinrich Heine schrieb einst angesichts der Einweihung der Eisenbahn in Paris: „Durch die Eisenbahnen wird der Raum getötet, und es bleibt uns nur noch die Zeit übrig." (Heine 2005: 449) Raum aber spielt nach wie vor eine Rolle. Schwarzenegger nährt sich dem Kommunikationsraum junger Menschen über die Internetplattform *Couchsurfing*. In diesem Hospitality Network, einem Gastfreundschaftsnetzwerk, „bieten sich die Mitglieder wechselweise einen temporären Schlafplatz – oft eben wörtlich die Couch – in ihrer eigenen Unterkunft an" (Schwarzenegger 2017: 277).

Couchsurfing

„Europa auf der Couch" nennt Schwarzenegger seine zentrale Teilstudie, bei der er methodisch mit einer Methodentriangulation arbeitet, welche Leitfadeninterviews, teilstandardisierte Kurzfragebögen und persönliche Kommunikationsraumkartografien umfasst. Im Zentrum der Studie stehen 25 Couchsurfer*innen zwischen 20 und 42 Jahren. Die Kommunikationskarten seiner „Informanten" ähneln jenen aus der Studie von Hepp, Berg und Roitsch (2012, 2014, 2017), betonen aber die transnationale Vergemeinschaftung. Hierbei spiele eine gemeinsame Sprache zur Verständigung eine wichtige Rolle, ebenso interpersonale wie medial vermittelte Kommunikation. Entsprechend geht der Kommunikationsraum nach Schwarzenegger (2017: 280–281)

> *„a) vom Individuum aus und verbindet die spezifischen kommunikativen Welten bzw. sozialen Welten, aus denen die Lebenswelt des Menschen insgesamt aufgebaut ist, er ist aber nicht einfach ein subjektives Konstrukt. Er ist nämlich*
>
> *b) durch politische, rechtliche, kulturelle und infrastrukturelle sowie medientechnologische Rahmenbedingungen und Möglichkeiten beeinflusst, ohne davon determiniert zu sein; ebenso wird er*

c) *durch das Spektrum persönlicher Erfahrungen und kommunikativer Beziehungen und*
d) *durch deren Stabilität, Dauerhaftigkeit und Wandel gestaltet.* Schließlich umfasst der Kommunikationsraum gleichermaßen
e) *private und öffentliche, interpersonale und medienvermittelte Kommunikationsformen und bezieht sich*
f) *sowohl auf Räume im geografisch-physischen Sinn als auch auf symbolische Orte und Medienräume, die für die Lebenswelt bedeutsam sind.*"

Obschon Schwarzenegger nicht unter dem Dach der „Mediatisierten Welten" arbeitet, beschreibt er eine mediatisierte Welt bzw. andersherum „media as a world", einem Ansatz von Göran Bolin (2014) folgend. Damit soll deutlich werden, dass Medienkommunikationen verschiedenster Art den Alltag durchdringen. Medienkommunikation und Mediennutzung, egal ob massenmedial, ob interpersonal oder via sozialer Netzwerke, fließen im Alltag vielfach (und längst nicht nur bei Jugendlichen) ineinander. Auf diesem Wege werde die klassische Trennung zwischen *nur* öffentlicher oder *nur* persönlicher Kommunikation durchbrochen und der Blick frei dafür, dass die Nutzung von Massenmedien und andere Formen der Medienkommunikation miteinander verbunden seien und sich wechselseitig bedingen oder beeinflussen. Seine Studie versteht Schwarzenegger dennoch dezidiert als nicht-medienzentriert und möchte damit davor warnen, die Bedeutung von Medien für Alltagssituationen überzubetonen.

Nicht-medienzentrierte Medienforschung

Doch das fällt Medien- und Kommunikationswissenschaftler*innen schwer, gerade wenn sie die Durchdringung des Alltags mit Medien in vielfältigen Lebensbereichen erforschen. Couldry schreibt, es sei eine schwierige Aufgabe für Medien- und Kommunikationswissenschaftler*innen, über ein Leben ohne Medien nachzudenken (Couldry 2013: 27). So beobachten Michaela Pfadenhauer und Tilo Grenz den Einzug von Medien in die kleine soziale Welt des Fitnessstudios und die sukzessive Veränderung der dortigen Kernaktivität(en) als Mediatisierung von Fitness (Pfadenhauer & Grenz 2012: 87). Neben der zunehmenden Durchdringung verschiedener Lebensbereiche, die zuvor bereits mediatisiert waren, mit neuen Medien, wird hier untersucht, wie eine „vormals nicht medienbezogene Aktivität – Fitness treiben – durch Medientechnik, -formate und -kommunikation ergänzt und zum Teil ersetzt wird" (Pfadenhauer & Grenz 2012: 101–102).

Mediatisierte Fitness

Fitness, etwa Joggen, war (und ist nach wie vor für viele) eine Alltagsbeschäftigung, die ohne Medien auskam und noch immer auskommt. Smartphones aber ermöglichen es heute, die eigene Leistung detailliert zu analysieren und die zurückgelegte Strecke und die dafür benötigte Zeit per App in sozialen Netzwerken zu verbreiten. Und Fitnessstudios sind mittlerweile regelrechte Multimedia-Zentren. Pfadenhauer und Grenz (2012) betrachten Fitness als Geschäftsmodell und unterscheiden dabei die Medialisierung, etwa das Sponsoring von Fernsehsendungen, von der Mediatisierten Fitness, die sich in der Optimierung des Trainingsplanes auf Online-Portalen zeigt. Mit Bezug auf Medialisierungs-Autor*innen stellen sie als Ergebnis ihrer mikrosoziologischen Studie eine „direct mediatization" (Hjarvard 2008: 114) von Fitness heraus. Gleichzeitig widersprechen sie einer Anpassung (Schulz 2004: 89) an eine Medienlogik, ebenso wie sie eine „Prägekraft der Medien" (Steinmaurer 2016: 34; Hepp 2015: 178; Hepp, Berg & Roitsch 2014: 248) ablehnen und eher von einer „Sogwirkung" sprechen. Letztlich stellen Pfadenhauer und Grenz kommerzielle Triebkräfte heraus, denn die „kommerziell evozierte Transformation der Fitnesspraxis im Studio zur individualisierten Fitnessgestaltung mittels eines Online-Trainings- und Ernährungsmanagements" sei „als Mediatisierung von Fitness als Geschäftsmodell zu begreifen" (Pfadenhauer & Grenz 2012: 102). Jüngst hat Ehrlén einen Beitrag für ein Special Issue von *Communication and Sport* zu „Mediatization and Self-Organized Leisure Sports" in Finnland vorgelegt und dabei den Einfluss von Digitalisierung und Kommerzialisierung herausgearbeitet (Ehrlén 2022).

Mediatisiertes Pokern

Ein ähnliches Beispiel ist das Pokern – eine Freizeitbeschäftigung, für die es vormals nur ein paar Gleichgesinnte und ein Kartenspiel brauchte. Doch mit Live-Poker im Fernsehen und Online-Poker im Internet verdeutlichen Roland Hitzler und Gerd Möll (2012), wie mediatisiert hier das Welterleben ist. Für Hepp ist das mediatisierte Pokern eine besondere kommunikative Figuration: „Eine sehr spezifische kommunikative Figuration des transmedialen Pokerspielens kam auf, als Fernsehpoker und Online-Poker mit privatem Pokerspielen artikuliert wurden." (Hepp 2015: 180)

Empirie und Theorieentwicklung

Die hier versammelten Studien verdeutlichen gleichsam Einheit und Heterogenität innerhalb der Mediatisierungsforschung. Unter dem gemeinsamen Dach der „Mediatisierten Welten" finden sich vielfältige Projekte mit teils unterschiedlichen Auslegungen des Mediatisierungsansatzes. Das liegt zum Teil daran, dass sich einige Forschungsprojekte wie jenes des „Mediatisierten Zuhauses" an bereits etablierten Ansätzen wie Domestizierung oder dem Generationenbegriff nach Mannheim (1964) orientieren. Häufig, so scheint es, braucht es einen solchen weiteren Anker in einer etablierten Theorie, einem erprobten Ansatz. Die fruchtbare Pluralität wird aber durch eine gemeinsame Klammer zusammen gehalten, die sich in einem Grundverständnis von Mediatisierung ebenso zeigt wie in sich ähnelnden Methodenkombinationen und einem gemeinsamen Erkenntnisinteresse: Wie lässt sich das Ineinandergreifen von Medienwandel und Gesellschaftswandel verstehen? So kommen etwa die diachrone Forschung zum mediatisierten Zuhause und die synchrone zu Vergemeinschaftung und Mediengenerationen zu dem gleichen Ergebnis, dass es häufig sich verändernde Lebensumstände sind, die das Medienrepertoire beeinflussen.

Gemeinsam ist vielen Arbeiten in diesem Bereich, dass sie sich zumindest „lose am Forschungsstil der Grounded-Theory-Methodologie" (Schwarzenegger 2017: 214) orientieren und mit ihren Ergebnissen wieder Theoriearbeit betreiben und auf diesem Wege beitragen zur Weiterentwicklung des Konzepts in Richtung einer genuinen Theorie. Dass dieser Weg noch nicht zu Ende ist, haben die Protagonist*innen jeweils zu Beginn der Sammelbände *Mediatisierte Welten* (Krotz & Hepp 2012), *Die Mediatisierung sozialer Welten – Synergien empirischer Forschung* (Krotz, Despotović & Kruse 2014) und *Mediatisierung als Metaprozess. Transformationen, Formen der Entwicklung und die Generierung von Neuem* (Krotz, Despotović & Kruse 2017) deutlich gemacht.

4.3 Studien zur Medialisierung der Politik

Sind die Mediatisierung der Lebenswelt und des Zuhauses klassische Bereiche der Mediatisierungsforschung, so untersucht die Medialisierungsforschung gesellschaftliche Teilbereiche wie Politik, Wissenschaft oder Sport. Am meisten Aufmerksamkeit hat, auch wegen seiner großen gesamtgesellschaftlichen Bedeutung, das Politiksystem erfahren. Dabei stand zunächst die negative Deformierung der Politik durch die Medien im Vordergrund, also inwieweit die Logik der Medien in jene der Politik eindringt oder, wie Habermas es ausdrückt, die monetären und administrativen Steuerungsmechanismen in die Lebenswelt eindringen, „wie Kolonialherren in eine Stammesgesellschaft" (Habermas 1981: 522).

Es ist deshalb, wie erwähnt, von Kolonialisierung (Meyer 2001) gesprochen worden. Im Anschluss an Habermas war damit oft auch Kommerzialisierung gemeint, die für die Mediatisierung, wie gesehen, ebenfalls eine Rolle spielt (Krotz 2007a). Im Folgenden wird zu zeigen sein, dass in den hier besprochenen Systemen Politik, Wissenschaft und Sport die Medien jeweils als Vehikel gesehen werden,

_{Kolonialisierung}

durch die Marktmechanismen in das jeweilige System eindringen. Dies wird an einigen Stellen als von den jeweiligen Protagonist*innen gewünscht beschrieben. Die damit einhergehenden Veränderungen, auch die unerwünschten, werden von der Medialisierungsforschung ebenso beleuchtet.

Schlüsselstudien

Eine Schlüsselstudie im Bereich der Medialisierung der Politik ist die Untersuchung von Hans Mathias Kepplinger zu den Aktivitäten des Bundestages von 1949 bis 1994 und der Berichterstattung darüber im Zeitraum von 1951 bis 1995, die unter anderem 2002 im *Journal of Communication* unter dem Titel „Mediatization of Politics: Theory and Data" (Kepplinger 2002) veröffentlicht wurde (zur Methodik siehe das Kapitel zu quantitativen Verfahren). Wobei zu beachten ist, dass Kepplinger auch im Deutschen stets von Mediatisierung spricht, dabei aber der Forschungslinie folgt, die hier als Medialisierung vorgestellt wird. Mittels einer aufwändigen quantitativen Erfassung der Kleinen Anfragen und einer umfangreichen quantitativen Inhaltsanalyse der Medienberichterstattung über die Parlamentstätigkeiten (siehe hierzu auch Kepplinger 1998), die mit einer quantitativen Befragung von Abgeordneten des Deutschen Bundestages (siehe hierzu auch Kepplinger & Maurer 2005) kombiniert wurde, stellt Kepplinger fest, dass die Themen der Kleinen Anfragen „sich inzwischen weniger am Informationsbedürfnis der Abgeordneten als am Verwertungsinteresse der Medien orientieren. Gefragt wird vor allem, was bei den Medien ankommt" (Kepplinger 2005: 351). Kepplinger beobachtet im Zeitverlauf einen deutlichen Anstieg der Kleinen Anfragen, ja der Informationsaktivitäten insgesamt und auch der Bedeutung von symbolischer Politik, während gleichzeitig die Aktivitäten im Bereich der Entscheidungsfindung und -durchsetzung stabil bleiben (Kepplinger 2002). In der Zeitschrift *Forschung und Lehre* spitzt er seine Erkenntnisse zu: „Die langfristige Folge der Spekulation auf den kurzzeitigen Nutzen öffentlicher Aufmerksamkeit ist die dauerhafte Unterwerfung der Politik unter die Erfolgsbedingungen des Fernsehens. Dies untergräbt die Eigengesetzlichkeit der politischen Institutionen und macht die Politik vom Fernsehen noch abhängiger, als sie es ohnehin schon ist" (Kepplinger 2005: 351).

4. Empirische Befunde

Kepplinger hat auf Basis seiner Studien davon gesprochen, die Medien hätten der Politik „ihre Erfolgsbedingungen aufgezwungen", die Politik hätte sich den Medien angepasst und „in Teilbereichen unterworfen". Obschon man dies bedauern mag, so erklärt er, dass es sich hierbei um einen notwendigen Vorgang handelt, denn Politiker hätten sich „in dem Maße an die Bedingungen der Medien anpassen" müssen, „in dem der Erfolg in den Medien zu einer Voraussetzung für den Erfolg in der Politik wurde" (Kepplinger 1999: 62).

Bedingungen der Medien

Die Kleine Anfrage als Instrument der parlamentarischen Praxis, so wurde bereits weiter oben argumentiert, eignet sich in seinen Augen sehr gut, um die Medialisierung von Politik zu veranschaulichen. Kepplinger unterteilt zunächst die Aktivitäten des Deutschen Bundestages in zwei Klassen:

Aktivitäten des Bundestages

1. „*Der sachlich relevante, nachhaltig wirksame Output des Parlaments, der im Wesentlichen aus der Verabschiedung von Gesetzen und Verträgen besteht.*
2. *Die Vermittlung von Informationen an das Parlament, die Medien und die interessierte Öffentlichkeit, wozu aktuelle Stunden, öffentliche Anhörungen sowie schriftliche und mündliche Anfragen gehören.*" *(Kepplinger 1998: 153)*

Vergleichbar der Unterscheidung von Verhandlungslogik und Öffentlichkeitslogik (Spörer-Wagner & Marcinkowski 2011: 417; Sarcinelli 2011: 119–135) unterscheidet Kepplinger zwischen Gestaltungshandeln und Darstellungshandeln. Er vermutet, dass insbesondere die Informationstätigkeiten im Zeitverlauf gestiegen sind und kann dies auch empirisch nachweisen (Kepplinger 2007a: 308). Die „Zahl der eingebrachten und verabschiedeten Gesetze" (Kepplinger 1998: 154) blieb gleich oder war sogar leicht rückläufig: „In der zwölften Legislaturperiode (1990–94) fanden ähnlich viele Plenarsitzungen statt wie in der ersten (1949–53) (243 vs. 283). Auch Gesetze wurden etwa genauso viele eingebracht (800 bzw. 805) und verabschiedet (507 bzw. 545)" (Kepplinger 2007a: 308). Dagegen „stieg die Zahl der mündlichen und schriftlichen Anfragen" seit den 1960er-Jahren, seit den 1980er-Jahren dann auch jene der öffentlichen Anhörungen und aktuellen Stunden, erheblich an (Kepplinger 1998: 154). Der Deutsche Bundestag hat damit durchaus sehr kontinuierlich gearbeitet. Bemerkenswert ist aber vor allem, dass in dem von Kepplinger untersuchten Zeitraum von 1949 bis 1994 die Zahl der mündlichen und schriftlichen Anfragen, inklusive der Kleinen Anfragen, von 392 auf 20.689 enorm angestiegen ist (Kepplinger 2007a: 308). Das Dar-

Gestaltungshandeln und Darstellungshandeln

stellungshandeln hat also gegenüber dem Gestaltungshandeln stark an Bedeutung gewonnen.

Selbstmedialisierung

Kepplinger verweist darauf, dass die Medialisierung der Parlamenttätigkeit in zwei Schüben in den 1960er- und dann in den 1980er-Jahren erfolgt sei: „Begleitet und vorbereitet wurden diese Veränderungen durch Änderungen der Geschäftsordnungen des Bundestages, die die medienrelevanten Aktivitäten ermöglichten bzw. erleichterten" (Kepplinger 1999: 57). Das deutet darauf hin, dass die Medialisierung der Politik bewusst erfolgt, man kann auch von Selbstmedialisierung sprechen (Meyer 2001; Dylla 2008; Marschall 2009; Esser & Matthes 2013; Strömbäck & Esser 2014a, 2014b; Birkner 2015; Casero-Ripollés, Feenstra & Tormey 2016), wobei dann natürlich die Beweggründe der Akteure interessant sind. Im Zuge der zunehmenden Bedeutung der Selbstinszenierung auch von Politiker*innen auf eigenen Social Media-Kanälen können wir auch in der Politik von „self-paparizzization" (Merrin 2022: 23) sprechen.

> **Begriffe**
>
> Unter Selbstmedialisierung versteht man die aktive und bewusste Orientierung an den Medien. Insbesondere im Falle medienerfahrener Politiker*innen muss dies eben keine dysfunktionale Unterordnung bedeuten, sondern eine bewusste Steuerung der Medien im eigenen Sinne und zu eigenen Zwecken.

Im Bezug auf die Medialisierung des Politischen lehnen auch Patrick Donges und Otfried Jarren die klare Dichotomie von politischer Logik und Medienlogik ab (Donges & Jarren 2014) und Marcinkowski und Steiner machen klar, die Medien seien „'gerufene' Geister und keine diabolische Heimsuchung" (Marcinkowski & Steiner 2010: 73).

Reziproke Effekte

Wie weiter oben zur Methodik bereits erwähnt, haben Kepplinger und Maurer im Jahr 2002 eine Befragung von Bundestagsabgeordneten aus der Opposition durchgeführt und von 81 Abgeordneten Antworten zu Ursachen, Verwendung und Quellen der Themen von Kleinen Anfragen bekommen. Wenn wir bei den Akteuren, den Politiker*innen in diesem Fall, ansetzen, dann sind die angesprochenen „reziproken Effekte" (Kepplinger 2007b; Kepplinger & Glaab 2007; Kepplinger & Zerback 2009; Kepplinger 2010: 135–153) zu berücksichtigen.

4. Empirische Befunde

> **Begriffe**
>
> „Reziproke Effekte bezeichnen die Einflüsse der Medienberichterstattung auf die Protagonist*innen der Berichterstattung. Sie „beruhen auf der persönlichen Betroffenheit und auf der spezifischen Mediennutzung der gesellschaftlichen Akteure, die sich selbst oder ihr Tätigkeitsfeld als Gegenstand der Berichterstattung sehen." (Kepplinger 2010: 135)

Hierbei lassen sich pro-aktive Effekte, also Wirkungen von zukünftigen Berichten über gegebenenfalls erst von den Politiker*innen zu diesem Zweck zu inszenierende Ereignisse wie Pressekonferenzen, von inter-aktiven Effekten unterscheiden, also „Wirkungen, die während der Kontakte mit den Medien von ihnen ausgehen" (Kepplinger 2007a: 306). Reaktive Effekte sind schließlich Wirkungen, die bereits erschienene Berichte bei den Protagonist*innen auslösen. Dies muss man wissen, wenn Kepplinger im Folgenden bei den Ursachen von Kleinen Anfragen zwischen latenten Motiven und manifesten Zielen unterscheidet. Denn gefragt nach den manifesten Zielen würden die meisten der Parlamentarier*innen „erwartungsgemäß auf die ‚offiziellen' Zwecke der Kleinen Anfragen – die Kontrolle der Regierung, die eigene Information und die Vorbereitung von Gesetzen" verweisen. Doch auch hier schon nennen „relativ viele die Information der Medien" als Ziel (Kepplinger 2007a: 306).

Um Genaueres zu erfahren, wurden die Politiker*innen auch gefragt, was Kleine Anfragen denn bewirken würden. Dabei zeigt sich, dass die Politiker*innen durchaus in hohem Maße erwarten, dass Kleine Anfragen helfen, wichtige Themen in den Medien zu platzieren: „Die Einbringung von Kleinen Anfragen stellt in solchen Fällen eine pro-aktive Medienwirkung dar: Die Parlamentarier stellen in der begründeten Erwartung, dass die Medien über ihre Initiative berichten, medienwirksame Anfragen an die Bundesregierung." (Kepplinger 2007a: 306) Immerhin 49 Prozent der Befragten gaben an, diese würden häufig dabei helfen, wichtige Themen in den Medien zu platzieren.

Bezogen auf die Verwendung der Kleinen Anfragen kann Kepplinger zeigen, dass diese vor allem auf Resonanz im eigenen Wahlkreis und bei regionalen Medien, aber weniger auf Resonanz im Parlament abzielen. Auch bei der Auswahl der Themen wird auf potenzielle Medienaufmerksamkeit geachtet. Bei den Quellen für Themen liegen Fraktionskolleg*innen und Expert*innen vor den Bürger*innen aus dem jeweiligen Wahlkreis, gefolgt von den überregionalen Zeitungen, die aber immer noch eine beachtliche Rolle spielen. Schließlich ent-

Der Werdegang von Kleinen Anfragen

wirft Kepplinger einen typischen, aber doch sehr auf die Medien zugespitzten Werdegang von Kleinen Anfragen:

(1) Die Medien, vor allem die überregionalen Zeitungen, und andere Akteure liefern den Parlamentariern Anregungen für Kleine Anfragen.

(2) Die Parlamentarier orientieren sich bei der Wahl der Themen und der Gestaltung der Kleinen Anfragen u.a. an den Bedürfnissen der Medien, vor allem an jenen der überregionalen und regionalen Presse, worüber sie sich gelegentlich bereits im Vorfeld mit Journalisten verständigen.

(3) Die Ministerien beantworten die Kleinen Anfragen.

(4) Die Parlamentarier informieren u.a. die Medien, vor allem die regionalen und überregionalen Zeitungen, über die Kleinen Anfragen und die Antworten der Ministerien.

(5) Die Medien, vor allem die regionalen Zeitungen, berichten über die Kleinen Anfragen und die Antworten, die ihrerseits oft eine Folge von Medienberichten und Urteilen über die Medientauglichkeit von Themen sind. (Kepplinger 2007a: 315–316)

Auf Basis seiner eigenen Forschung schätzt Kepplinger, dass etwa ein Viertel der Zunahme von Kleinen Anfragen im Zeitverlauf auf die Medien zurückzuführen sei und diese somit einen nicht unerheblichen Einfluss auf die Politik haben, weil sie „durch ihre vermuteten Effekte schon im Vorfeld der Berichterstattung das Verhalten der Akteure" beeinflussen (Kepplinger 2007a: 317). Daran ist natürlich auch die Berichterstattung selbst nicht unbeteiligt. Mit der weiter oben beschriebenen Inhaltsanalyse der Politikberichterstattung konnte gezeigt werden, dass ein erheblicher Teil dieser Berichterstattung tatsächlich auf Stellungnahmen von Politiker*innen zurückzuführen ist. Dies deutet darauf hin, dass es sich hierbei sehr wohl um einen wechselseitigen, ja geradezu symbiotischen Prozess handelt. Die Politik hat sich also im Zeitverlauf an den Medien orientiert und auch angepasst, also medialisiert. Allerdings zeigt sich, dass die Anzahl Kleiner Anfragen nach einem Höhepunkt zu Beginn der 1970er-Jahre bis in die Mitte der 1990er wieder rückläufig war (Kepplinger 1998: 166–170), was verdeutlicht, dass Medialisierung kein linearer und unidirektionaler Prozess ist.

Ausbau der Presse- und Öffentlichkeitsarbeit

Gleiches gilt etwa auch für den Ausbau der Presse- und Öffentlichkeitsarbeit der Politik. So ist im Presse- und Informationsamt der Bundesregierung die Zahl der Mitarbeiter*innen von 1951 bis 1974 zunächst sehr stark von 176 auf 773 angestiegen und dann bis 1995 leicht auf 708 zurückgegangen (Kepplinger 1998: 156). In dem von

Isabelle Borucki für ihre Studie *Regieren mit Medien* (2014) untersuchten Zeitraum von 1982 bis 2010 stiegen die Ausgaben für Öffentlichkeitsarbeit und Fachinformation in den Bundesministerien an (Borucki 2014: 184) (siehe Abb. 5). Allerdings sanken diese Ausgaben im gleichen Zeitraum beim Bundespresseamt zumindest leicht. Insgesamt betont Borucki, dass mehr Geld nicht zwangsläufig zu mehr oder gar besserer Öffentlichkeitsarbeit führt.

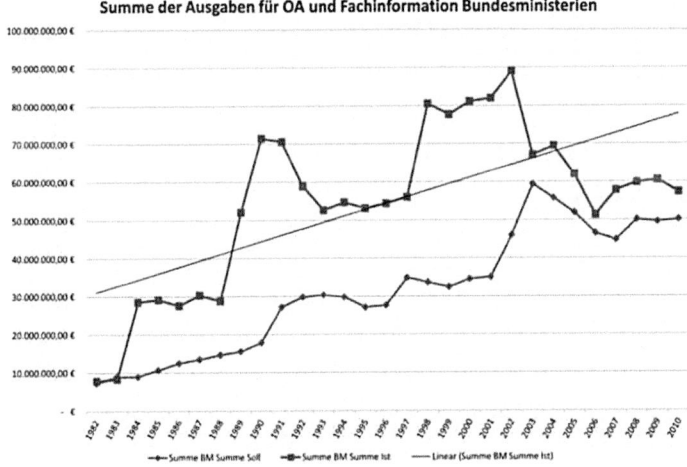

Abbildung 5: Ausgaben für Öffentlichkeitsarbeit und Fachinformation der Bundesministerien nach Borucki (2014: 184).

Ihre Befunde erlangt Borucki, indem sie ihre quantitativen Ergebnisse mit qualitativer Forschung verknüpft – in diesem Fall mit 44 Expert*inneninterviews. Es entsteht ein differenziertes Bild vom *Regieren mit Medien*, welches keinesfalls den einfachen Schluss einer (negativen) Medialisierung der Politik zulässt. Zwar habe sich die Politik durchaus entsprechend der Medialisierungsthese verändert, sich aber keinesfalls einer oder gar mehreren Medienlogiken angepasst. Entsprechend wird „die Kolonialisierungsthese ins Reich der wissenschaftlichen Mythen" verwiesen (Borucki 2014: 338). Weil etwa der persönliche Austausch zwischen Politiker*innen und Journalist*innen und auch die gegenseitige Einflussnahme doch noch sehr jenen Umgangsformen im beschaulichen Bonn ähneln, spricht Borucki trotz des Umzuges in die Metropole Berlin von einer „‚moderaten' oder ‚gebremsten' sowie ‚fragmentierten' Medialisierung" (Borucki 2014: 339).

Fragmentierte Medialisierung

4. Empirische Befunde

Hoher Medialisierungsgrad

Nayla Fawzi (2014a) konstatiert hingegen auf Basis ihrer eigenen quantitativen Befragung von Personen aus dem Bundestag, aus Ministerien, Behörden, Verbänden, der Wissenschaft und den Medien (n=338) für den Bereich Energiepolitik einen hohen Medialisierungsgrad (Reinemann 2010, siehe Modell 6).

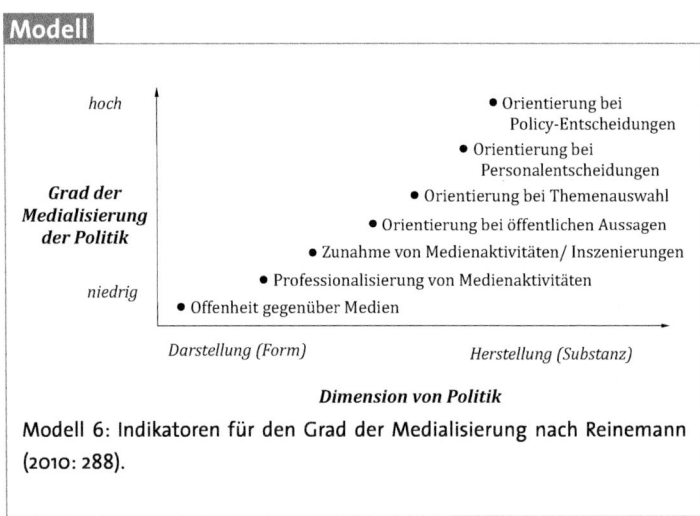

Modell 6: Indikatoren für den Grad der Medialisierung nach Reinemann (2010: 288).

Zumindest die politischen Akteure seien bereits in der vierten Phase bzw. Dimension nach Strömbäck (2008, 2011) und Schulz (2004) angekommen (Fawzi 2014a: 301). Allerdings gibt sie zu bedenken, dass dies eben „nicht automatisch als Machtgewinn der Medien" gewertet werden könne, da gleichsam die „Instrumentalisierung der Medien durch die Politik" gezeigt werden konnte (Fawzi 2014b: 458). Neben ihrer Dissertation ist am Lehrstuhl von Carsten Reinemann am Münchner Institut für Kommunikationswissenschaft und Medienforschung noch eine weitere Doktorarbeit in der Medialisierungsforschung erschienen, die unsere empirischen Kenntnisse für die Lokalpolitik erweitert. Philipp Baugut hat die Interaktion von Politiker*innen mit Journalist*innen in den Blick genommen und dabei durchaus einen *Einfluss des Medienwettbewerbs auf lokale politische Kommunikationskulturen* feststellen können (Baugut, 2017). Er sieht dementsprechend einen Trend von der Interaktion zwischen Politik und Medien hin zur Medialisierung der Politik (Baugut, 2019).

Die bislang vorgestellten Studien fokussieren vor allem die Medialisierung der Politik in Deutschland, blenden Social Media noch weitgehend aus und nehmen stark die Politiker*innen in den Blick.

4. Empirische Befunde

Allerdings kommt auch Haßler (2017: 240) bei seiner Untersuchung zur Klimapolitik zu dem Ergebnis, „dass die Politik autonom entscheidet, in welchen Bereichen es für sie zielführend ist, mediale Erfolgsbedingungen anzuwenden, und in welchen Bereichen eigene Erfolgskriterien angelegt werden". Er spricht deshalb von einer „selektiven Anpassung" (Haßler 2017: 259).

Insgesamt sind die Befunde zur Medialisierung der deutschen Politik sehr abwägend und differenziert. Vor allem aber sind sie sich uneins in der Bewertung des Medialisierungsgrades, was auch daran liegt, dass hierfür unterschiedliche Kriterien angewendet werden. Es liegt den jeweiligen Untersuchungen keinesfalls ein einheitliches Verständnis von Medialisierung zugrunde. Sowieso sind die Untersuchungsanlagen oft kaum miteinander zu vergleichen. Auch werden ganz unterschiedliche Personengruppen oder Politikfelder analysiert, sodass keinesfalls von einem kohärenten Forschungsfeld gesprochen werden kann. Doch auch in der internationalen Forschung ist bislang kaum ein gemeinsames Vorgehen festzustellen.

Differenzierte Befunde

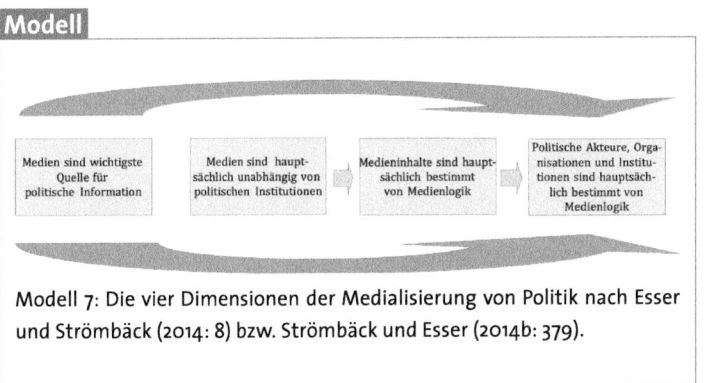

Modell 7: Die vier Dimensionen der Medialisierung von Politik nach Esser und Strömbäck (2014: 8) bzw. Strömbäck und Esser (2014b: 379).

In ihrer Synopse zur Medialisierung der Politik systematisieren Strömbäck und Esser (2014b) die internationale Forschung entlang der vier Dimensionen von Strömbäck (siehe Modell 7). In allen vier Dimensionen finden sie in der Forschungsliteratur Belege für die Medialisierung von Politik, stellen aber einen Forderungskatalog für zukünftige Forschung auf. Dabei scheinen vor allem zwei Aspekte von besonderer Bedeutung. So betonen auch Strömbäck und Esser (2014b: 396), dass Medialisierung eben kein linearer, eindimensionaler Prozess sei, was bei ländervergleichenden Studien unbedingt zu berücksichtigen sei. Betrachtet man etwa die zweite Dimension, in der es um die Unabhängigkeit der Medien von politischen Institu-

Internationale Forschung

tionen geht, so kann man beispielsweise in einigen osteuropäischen Ländern eher eine Abnahme denn Zunahme dieser Unabhängigkeit feststellen.

Außerdem sei noch nicht geklärt, welchen Einfluss digitale Medien zukünftig auf die Medialisierung der Politik nehmen werden. Sie könnten, so Strömbäck und Esser, der Anfang vom Ende zumindest des steigenden Einflusses der institutionalisierten klassischen Massenmedien sein. Mit Blick auf die erste Dimension, wonach die (klassischen) Massenmedien die wichtigste Informationsquelle für Politik darstellen, verweist die bisherige Forschung allerdings nach wie vor auf das Fernsehen: „[B]ut it may also be", so Strömbäck und Esser weiter, „that digital media remodels rather than undermines the dynamics of the mediatization of politics". Noch sei unklar, ob es sich um eine Evolution oder den Beginn einer Revolution handele (Strömbäck & Esser 2014b: 397).

Dies gilt letztlich auch für die Forschung insgesamt in diesem sehr dynamischen Bereich. Benötigt es einen revolutionären Wandel der Kommunikationswissenschaft (Hepp, 2016b), oder werden Theorien, Forschungsstränge und Forschungsmethoden entsprechend an die neuen Herausforderungen des digitalen Zeitalters angepasst? Letzterer Weg wird in dem Band *Political Communication in the Online World*, herausgegeben von Gerhard Vowe und Philipp Henn (2016), eingeschlagen, in dem etwa Agenda Setting (Weimann & Brosius 2016), Gatekeeping (Friedrich, Keyling & Brosius 2016) und auch die Schweigespirale (Eilders & Porten-Cheé 2016) weitergedacht werden, freilich ohne dass in dem Band zwangsläufig mit den Begriffen Medialisierung und Mediatisierung gearbeitet würde.

Bier oder Social Media? Bezüglich des Einflusses von digitalen Medien auf die Mediatisierung der Politik herrschen zwei widerstreitende Positionen vor. Caja Thimm, Jessica Einspänner und Mark Dang-Anh (2012, vgl. Thimm, Dang-Anh & Einspänner 2014) unterscheiden dabei zwischen medienenthusiastischen bzw. cyberoptimistischen und medienkritischen bzw. cyberpessimistischen Perspektiven und forschen gemeinsam zum deliberativen Potenzial von Twitter:

> „*Die These, dass das Internet zu einer deliberativeren Diskurskultur führen kann, in der Politik und Zivilgesellschaft egalitär diskutieren, lässt sich nur in ersten Ansätzen belegen. Wenngleich sich digitale Medien und Onlinekommunikation aus politischen Kampagnen heute nicht mehr wegdenken lassen, ist für eine makroperspektivische Aussage eine Langzeitstudie erforderlich.*" (Thimm, Einspänner & Dang-Anh 2012: 302)

4. Empirische Befunde

Andreas Jungherr (2017) hat ebenfalls in seinem Literaturbericht über „Das Internet in der politischen Kommunikation" festgestellt, dass die Forschung zwischen Maximal- und Minimalauswirkungen des Internets auf die politische Kommunikation schwanke und somit den Blick auf die tatsächlichen Veränderungen verstelle. Doch auch er erklärt: „Das Internet ist zentral in der zeitgenössischen politischen Kommunikation und wird es auch bleiben" (Jungherr 2017: 301). Dagegen nennen etwa Felix Flemming und Frank Marcinkowski in diesem Zusammenhang das Internet „das überschätzte Medium" (Flemming & Marcinkowski 2014). Ihre Studie zur strategischen Kommunikation von Parteien in Österreich und in der Schweiz überschreiben Klinger und Uta Russmann 2017 noch mit "Beer is more efficient than social media" (Klinger & Russmann 2017). Thimm, Anastasiadis und Einspänner-Pflock haben auf Twitter zehn kommunikative Muster beobachtet:

> *„1) Passive Twitter-Präsenz ohne kommunikative Aktivität, 2) Informations- und Broadcasting-Orientierung, 3) kommunikative Begleitung des politischen Alltags, 4) Selbstdarstellung, 5) Mobilisierung, 6) Negative Campaigning, 7) Initiierung von Mini-publics, 8) Dialog mit Parteifreunden, 9) Dialog mit dem politischen Gegner oder der Gegnerin sowie 10) Dialog mit der Wählerschaft. Die Dialogorientierung ist die am wenigsten stark ausgeprägte Kategorie, wobei wiederum der Dialog mit Bürgerinnen und Bürgern am geringsten ausfällt." (Thimm, Anastasiadis und Einspänner-Pflock 2017: 267)*

Stärker mit dem Medialisierungskonzept arbeitend und an das dritte Zeitalter der politischen Kommunikation von Jay Blumler und Dennis Kavanagh (1999) anschließend, nehmen Melanie Magin, Nicole Podschuweit, Jörg Haßler und Uta Russmann (2017) den Einsatz von Facebook im Wahlkampf 2013 in Deutschland und Österreich als viertes Zeitalter der politischen Kommunikation in den Blick. Pablo Jost versucht schließlich auf der Basis von Facebook-Postings von Mitgliedern des Deutschen Bundestags zwischen 2010 bis 2015 eine Anpassung an eine „new media logic" herauszufinden, was sich jedoch auf der Inhaltsebene als durchaus schwierig herausstellt (Jost 2022).

Zweifelslos hat Donald Trump als Präsident der Vereinigten Staaten die politische Kommunikation via Twitter revolutioniert (Pérez Curiel & Limón Naharro 2019) und sich dabei der „Twitterosis" der amerikanischen Journalist*innen bedient (Schudson 2018: 41). Bei Twitter sind spätestens seit 2022 auch die Besitzverhältnisse zu

Trump und Twitter

berücksichtigen und die Frage, inwieweit Elon Musk diesen etablierten Kurznachrichtendienst verändert. Wie sich die politische Kommunikation insgesamt auf den unterschiedlichen Medienkanälen weiterentwickelt, wird Inhalt zukünftiger Forschung in diesem Bereich sein. So zeigte sich etwa die Corona-Kommunikation der deutschen Bundesländer bezüglich Themen und Timing auf unterschiedlichen Kommunikationskanälen durchaus differenziert (Drerup & Birkner 2022). Dabei scheint perspektivisch die Verbindung der Medialisierungsperspektive und der Mediatisierungsperspektive mit Anpassung und Vernetzung erfolgsversprechend.

4.4 Studien zur Medialisierung der Wissenschaft

Selbstbeobachtung der Wissenschaft

Ein besonderer Bereich in der Medialisierungsforschung ist die Medialisierung der Wissenschaft. Hier geht es um die Selbstbeobachtung der Wissenschaft, also um das, was Maja Malik in der Journalismusforschung als Journalismusjournalismus bezeichnet hat (Malik 2004). Dem Medienjournalismus ist in dieser Hinsicht nicht zu Unrecht ein ziemlich großer blinder Fleck attestiert worden. Wie steht es nun aber um Wissenschaftswissenschaft, gerade in Bezug auf Medien? Wenn Grande und Kolleg*innen schreiben, Kommunikation in die allgemeine Öffentlichkeit gelte „als der relevanten Reputationsbildung nicht zuträglich" und werde „deshalb eher als lästige Nebenbeschäftigung" betrachtet, so gilt dies sicherlich nicht für alle Wissenschaften (Grande, Jansen, Jarren, Schimank & Weingart 2013: 36). Man denke etwa an den Historikerstreit in den 1980er-Jahren, ausgelöst durch Ernst Nolte in der *Frankfurter Allgemeinen Zeitung* und die Reaktion drauf von Jürgen Habermas in der *Zeit*. Auch die sogenannte Goldhagen-Debatte, 1996 ausgelöst durch Daniel Goldhagens Buch *Hitlers willige Vollstrecker*, wurde von Historikern vor allem in den Feuilletons geführt (Weingart & Pansegrau 1998).

Andreas Scheu und Anna-Maria Volpers (2017) haben auf die Debatte über Sichtbarkeit oder Unsichtbarkeit von Wissenschaftler*innen als *Public Intellectuals* im Jahr 2015 in Deutschland hingewiesen. So beklagte der Medien- und Kommunikationswissenschaftler Bernhard Pörksen (2015: 2) in der *Zeit*, eine „öffentliche Selbstmarginalisierung der Geistes- und Sozialwissenschaften", weil die großen gesellschaftlichen Debatten „nicht mehr aus der Universität heraus" geführt würden. Dem hat einerseits die Literaturwissenschaftlerin Sandra Richter (2015), ebenfalls in der *Zeit*, widersprochen und auch das Ranking der britischen Zeitschrift *Prospect* zu den weltweit wichtigsten Intellektuellen wies 2015 auf Platz 1 den Wirtschaftswissenschaftler Thomas Piketty und auf Platz 7 Jürgen Habermas aus

(Scheu & Volpers 2017: 392). Die Corona-Pandemie hat schließlich dem Virologen Christian Drosten und seinem Podcast beim NDR viel Aufmerksamkeit beschert.

Die Beispiele verdeutlichen, dass in der Wissenschaft unterschiedliche Medialisierungsgrade zu vermuten sind, die es empirisch nachzuweisen gilt. Auch spielten Medien immer schon eine Rolle für die Wissenschaft (Schäfer 2014).

Tatsächlich aber gilt für die Wissenschaft heute, dass sie ihren modernen Charakter erst durch die Orientierung an der selbst generierten Fachöffentlichkeit erlangt hat (Weingart 2001) und dass diese Selbstreferenz nach Luhmann (u.a. 1995) zu einer enormen Leistungssteigerung geführt hat (Marcinkowski, Kohring, Friedrichsmeier & Fürst 2013: 263). Insofern stellt sich auch hier (wieder) die Frage nach Dysfunktionalitäten, wenn Mediengesellschaft und Wissensgesellschaft aufeinander treffen, denn es ist zu vermuten, dass die „Orientierung an den Medien nicht ohne Rückwirkungen auf die Wissenschaft bleibt" (Weingart 2001: 246). Sprechen wir hier wieder von unterschiedlichen Logiken, so ist die Wissenschaftslogik orientiert an der Leitwährung ‚Wahrheit' (Marcinkowski, Kohring, Friedrichsmeier & Fürst 2013: 263), oder, systemtheoretisch gesprochen, am Code ‚Wahrheit'.

Selbstreferenzielles System

In einer Synopse der vorliegenden Literatur zur Medialisierung und Mediatisierung der Wissenschaft legt Mike Schäfer (2014, siehe auch Lüthje 2012, 2014) eine Matrix vor, in der er versucht, die Forschung entlang der oben bereits benannten Unterteilung von Krotz (2007b) horizontal nach Massenkommunikation, Kommunikation innerhalb der Wissenschaft und Interaktiver Kommunikation und vertikal nach den Begriffen von Schulz (2004) von Extension, Substitution, Amalgamation und Akkommodation zu ordnen, wobei er für seine Neun-Felder-Matrix die Begriffe Amalgamation und Substitution zusammenfasst (siehe Tab. 3). Es ist dies eine der wenigen Kombinationen von Medialisierungs- und Mediatisierungsansatz. In dieser Matrix, ohne sie hier im Detail auflösen zu wollen, geht es von oben links (Massenkommunikation – Extension), der stärkeren Adressierung der Massenmedien durch die Wissenschaftskommunikation, die damit ihr Publikum erweitert und ausdehnt, nach unten rechts (Interaktive Kommunikation – Anpassung) zu den benötigten neuen professionellen Fertigkeiten im Umgang mit und in der Interpretation von Medien in Laboratorien (Schäfer 2014: 574). Schäfer macht mit seinem Überblick vor allem deutlich, dass viele Aspekte im Bereich der Wissenschaftskommunikation und im Verhältnis von

Wissenschaft und Medien nach wie vor unerforscht (oder zumindest untererforscht) sind. Hierzu zählt er insbesondere die Frage, ob denn nun die Medien die Wissenschaft verändern oder ob nicht Veränderungen in der Wissenschaft die Nutzung bestimmter Medien fördern (Schäfer 2014: 588).

	Massenkommunikation	Kommunikation innerhalb der Wissenschaft	Interaktive Kommunikation
Extension	Erweiterung des Publikums der Wissenschaftskommunikation über Wissenschaft hinaus	Forschungskooperation nimmt zeitlich, räumlich, disziplinär und über Wissenschaft hinaus zu	bessere Messung in/ Dokumentation von Forschung; Entstehung neuer Forschungsfelder
Amalgamierung & Substitution	Massenmedien als relevante Informationsquelle für Wissenschaftler; Erstpublikation in Massenmedien; (teilweiser) Ersatz wissenschaftlicher Reputation durch massenmediale Prominenz	Informelle Kommunikation innerhalb der Wissenschaft vermischt sich mit neuen Medien; Zunahme von Onlinepublikationen/ online-basierter Literaturrecherche	Wissenschaft untersucht (verstärkt) purifizierte oder simulierte Formen von Realität; erhöht Präsenz und Bedeutung wissenschaftlicher „Maschinerie" in Laboren
Anpassung	Anpassung der Außenkommunikation/ des wissenschaftlichen Handelns von Wissenschaftlern an (wahrgenommene) Logik der Massenmedien	Online-/ e-Kompetenzen wichtiger; Anpassung an 'Webometrics'/'altmetrics'	neue professionelle Kompetenzen nötig, um in Forschung angemessen mit Medien umzugehen/diese zu interpretieren

Tabelle 3: Matrix zur Medialisierung und Mediatisierung von Wissenschaft nach Schäfer (2014: 574).

Universitäre Öffentlichkeitsarbeit

Die internationale Forschung zur Wissenschaftskommunikation kann zeigen, dass sich Forschungseinrichtungen weltweit an den Medien orientieren, und dass „institutes with professionalised staff show higher activity online" (Entradas, Bauer, O'Muircheartaigh, Marcinkowski, Okamura, et al. 2020: 1). Die Pressestellen der Hochschulen sind in den letzten Jahren ebenfalls personell ausgebaut worden. Für Österreich, Deutschland und die Schweiz haben Julia Metag und Mike Schäfer bei den Hochschulen ein breites Spektrum „zwischen So-

4. Empirische Befunde

cial Media-Spezialisten und Online-Verweigerern" festgestellt (Metag & Schäfer 2017). In Deutschland ist an den Hochschulen ein quantitativer Zuwachs im Bereich Öffentlichkeitsarbeit zu beobachten (Marcinkowski, Kohring, Friedrichsmeier & Fürst 2013: 259). Dies lässt sich in vielen gesellschaftlichen Bereichen nachweisen: Presseabteilungen werden aufgebaut und erweitert, denn Öffentlichkeitsarbeit wird vielfach als besonders wichtig angesehen. Das bestätigen auch die Interviews mit Entscheider*innen aus Wissenschaft, Politik und Journalismus, die in dem Projekt von Bernd Blöbaum und Kolleg*innen durchgeführt wurden (Scheu, Volpers, Summ & Blöbaum 2014).

Schlüsselstudien

Bei der Erforschung der Medialisierung der Wissenschaft, insbesondere der Hochschulen, sind zwei Forschungsprojekte des Instituts für Kommunikationswissenschaft der Westfälischen Wilhelms-Universität Münster erwähnenswert, die beide in der gleichen Förderinitiative des Bundesministeriums für Bildung und Forschung (BMBF) „Neue Governance der Wissenschaft – Forschung zum Verhältnis von Wissenschaft, Politik und Gesellschaft" gefördert wurden.

Für das Projekt „Organisation und Öffentlichkeit von Hochschulen: Ausmaß und Folgen von Öffentlichkeits- und Medienorientierung in der Governance von Hochschulen" (2009–2011) unter der Leitung von Frank Marcinkowski und Matthias Kohring wurde eine bundesweite Befragung von Hochschulleitungen, Senatsmitglieder, Presseverantwortlichen sowie der Hochschulräte und Beiratsgremien an allen staatlichen wie privaten Universitäten und Fachhochschulen durchgeführt, sowie leitfadengestützte Expert*inneninterviews in Wissenschaftsministerien. Hieran anschließend wurden für das Projekt „Öffentlichkeit und Hochschulperformanz" (2012–2015) statistische Aggregatdatenanalyse, automatisierte Medieninhalts- und Medienresonanzanalyse, Dokumentenanalyse, Leitfadengespräche und die Verknüpfung von Befragungs- und Strukturdaten miteinander kombiniert.

Das Projekt „Von der Beobachtung zur Beeinflussung. Medialisierte Konstellationen von Wissenschaft, Medien und Politik in Bezug auf wissenschaftliche Fachkulturen" wurde zwischen 2010 und 2013 unter der Leitung von Bernd Blöbaum durchgeführt. Hier wurde eine quantitative Inhaltsanalyse der Medienberichterstattung über Forschung und Forschungspolitik mit qualitativen Interviews mit Entscheider*innen in Wissenschaft, Politik und Journalismus verknüpft.

Boulevardisierung der Wissenschaft?

Im Anschluss an die auch in der Politik beobachteten reziproken Effekte und unter Berücksichtigung des Third-Person-Effects (s.o.) und des Einflusses des vermuteten Medieneinflusses (s.o.) kann hier von einer Antizipation der Medienlogik gesprochen werden. Die Handelnden nehmen die Berichterstattung wahr, vermuten einen (starken) Einfluss auf andere Akteure und gehen davon aus, dass diese aktiv auf Entscheidungsprozesse Einfluss nehmen wollen, was wiederum ihr eigenes Medienhandeln beeinflusst und in Richtung einer Medialisierung der Wissenschaft wirkt (Blöbaum, Scheu, Summ & Volpers 2013: 307). Doch führt diese Antizipation nicht automatisch zur gewünschten Leistungssteigerung eines Systems wie der Wissenschaft, sondern kann sich auch negativ auswirken. Etwa wenn es wichtiger wird, einen wissenschaftlichen Aufsatz mit sensationellen Befunden zu veröffentlichen, der dann auch für die Medien interessant sein könnte, als mit Fakten zu überzeugen, die als solche auch in der Fachwelt anerkannt werden würden (Weingart 2012: 30). Solche Folgen fürchten auch Marcinkowski und Kolleg*innen (Marcinkowski, Kohring, Friedrichsmeier & Fürst 2013; Marcinkowski, Kohring, Fürst & Friedrichsmeier 2014). Dabei geht es um eine Boulevardisierung der Wissenschaft, ausgelöst durch den politisch gewollten wirtschaftlichen Wettbewerb der Hochschulen. Die Medialisierung der Wissenschaft ist dann eigentlich eine Politisierung, im Sinne einer Orientierung an der als medialisiert wahrgenommenen Politik. Hier werden fünf beobachtbare negative Entwicklungen bzw. Trends befürchtet:

- Beschleunigte Taktung von Wissenschaft und Wissenschaftspolitik,
- Rücknahme von Differenzierung,
- Fehllokation von Ressourcen,
- Intransparenz statt Transparenz,
- Eigenwerbung statt Wissenschaftskommunikation.

Die Forscher*innen warnen, die „zu enge Kopplung der wissenschaftlichen Leitwährung ‚Wahrheit' mit der öffentlichen Leitwährung ‚Aufmerksamkeit'" werde „über kurz oder lang dysfunktionale Folgen zeitigen – mit nicht intendierten Konsequenzen für das gesellschaftliche Vertrauen in die Wissenschaft" (Marcinkowski, Kohring, Friedrichsmeier & Fürst 2013: 283). Auch mit Blick auf die weltweite Entwicklung einer Orientierung von Forschung an den Medien lässt sich kritisch fragen: „Are professionalised staff a gain to science communication? Is this development increasing the autonomy and values of science or becoming a prisoner of a logic of competing for public visibility?" (Entradas, Bauer, O'Muircheartaigh, Marcinkowski, Okamura, et al. 2020: 13).

Akteure

Frank Marcinkowski

Frank Marcinkowski trat 2006 die Nachfolge von Siegfried J. Schmidt am Institut für Kommunikationswissenschaft der Westfälischen Wilhelms-Universität in Münster an. Seinerseits mit einer von Luhmann inspirierten Arbeit zu *Publizistik als autopoietisches System* (Marcinkowski 1993) promoviert, hat er entscheidenden Anteil daran, dass Teile des Medialisierungsdiskurses zunehmend systemtheoretisch geführt werden (u.a. Marcinkowski 2022) und dies auch international (siehe u.a. Kunelius & Reunanen 2016). Marcinkowski, 1960 in Düsseldorf geboren, studierte zunächst Politikwissenschaft in Duisburg (1981–1987) und war anschließend Berater der Kommission „Mensch und Technik" beim nordrhein-westfälischen Landtag (1987–1990). Er blieb aber Wissenschaftlicher Mitarbeiter (1988–1993) und dann, nach der Promotion 1992, Wissenschaftlicher Assistent im Fach Politikwissenschaft der Gerhard-Mercator Universität Duisburg (1993–1999), wo er sich 1999 habilitierte. 1999 bis 2000 folgten eine Lehrstuhlvertretung für „Allgemeine Politikwissenschaft" an der Fernuniversität Hagen und von 2000 bis 2003 eine Forschungsprofessur für Politische Kommunikation am Liechtenstein-Institut (FL). Während dieser Zeit vertrat er zunächst 2001 eine Professur für Publizistikwissenschaft am Institut für Publizistikwissenschaft und Medienforschung der Universität Zürich (IPMZ), um dann 2003 endgültig ans Zürcher Institut zu wechseln. Seit 2017 forscht und lehrt er in seiner Heimatstadt Düsseldorf, unter anderem zu den gesellschaftlichen Folgen der Medienentwicklung in der politischen Kommunikation, der Wissenschaftskommunikation und der Sportkommunikation. Besonders instruktiv im Bereich Medialisierung sind seine zusammen mit Adrian Steiner verfassten Aufsätze (2010, 2014).

Weitere Forschung zu Stammzellforschung und Epidemiologie stellt ebenfalls die medialisierte Politik in den Vordergrund und kann so durchaus Unterschiede im Medialisierungsgrad verdeutlichen (Peters, Heinrichs, Jung, Kallfass & Petersen 2008). Methodisch kritisch wird hier der fehlende Längsschnitt erwähnt, denn die „empirischen Erhebungen beziehen sich auf nur einen Zeitpunkt und können daher die These einer zunehmenden Medialisierung der Wissenschaft nicht direkt stützen." Dennoch sei eine „Anpassung an die mediale Logik" beobachtbar und problematisch, da Medienpräsenz vielfach als Relevanzindikator interpretiert werde (Peters et al. 2008: 289–290). Gerade die qualitativen Interviews von Blöbaum und Kolleg*innen belegen, dass sich Entscheider*innen in der Wissenschaft über Probleme, die mit einer Anpassung an die Medien verbunden sind, durchaus bewusst sind und dass sich Wissenschaftler*innen auch deshalb zum Teil nur sehr dosiert gegenüber den Medien äußern. Hier lassen sich auch Abwehrmechanismen beobachten, und es wird sich eher darum bemüht, negative Folgen von Medialisierung zu vermeiden (Scheu, Volpers, Summ & Blöbaum 2014: 724). In seinem DFG-Projekt „Medialisierung von Organisationen" kann Scheu, der auch zur Justiz forscht (2019b), defensive und offensive Strategien der Wissenschaft gegenüber den Medien ausmachen (Scheu 2019a).

Insgesamt haben die vorliegenden Studien sicherlich den blinden Fleck der wissenschaftlichen Forschung hinsichtlich des Umgangs vor allem der universitären Wissenschaft mit den Medien verkleinern können, dennoch bleibt noch vieles zu erforschen. Die Befunde zeigen ein differenziertes Bild: Die Bedeutung der Medien nimmt zu, dies wird aber kritisch reflektiert, und die Wissenschaft versucht zumindest in Teilen, sich gegen die ihr von der mediengetriebenen Politik aufgezwungene Ökonomisierung zu wappnen. So sind der Medialisierung der Wissenschaft systemimmanente Grenzen gesetzt.

Neue wissenschaftliche Plattformen

Außerdem entsteht online derzeit in der internen wie externen Wissenschaftskommunikation ein neues Forschungsfeld, welches die Integration von Medialisierungs- und Mediatisierungsforschung befördern könnte. Blogging und Microblogging wie bei Twitter breiten sich unter Wissenschaftler*innen immer weiter aus und werden durchaus für den wissenschaftlichen Diskurs genutzt, wie auch Facebook und wissenschaftliche Plattformen wie ResearchGate und Academia.edu zur Darstellung der eigenen Forschung (Lüthje 2017: 118–119; Scheu & Schedifka 2018). Seit der Übernahme von Twitter durch Elon Musk ist eine Bewegung von Wissenschaftler*innen hin zu alternativen Plattformen und dezentraleren Netzwerken wie Mastodon zu beobachten. Der Einfluss dieser vielfältigen Kommunikationskanäle, ausgehend von den Nutzungsmotiven und Nutzungsweisen der einzelnen Wissenschaftler*innen, und die entsprechenden Auswirkungen auf die nationale wie internationale Universitätslandschaft, deren Netzwerke und den Wissenschaftstransfer lassen sich vermutlich nur durch integrative Ansätze erforschen, die Medialisierungs- und Mediatisierungsperspektive vereinen.

4.5 Studien zur Medialisierung des Sports

Auch der Sport hat sich im Zeitverlauf in vielen Bereichen und auf vielfältige Weise verändert. Einige dieser Veränderungen werden von Kommunikationswissenschaftler*innen auf die Medien zurückgeführt und dann als Medialisierung des Sports analysiert (Frandsen 2020). Hierfür nutzen die Düsseldorfer Forscher Dohle, Vowe und Wodtke allerdings den Begriff Mediatisierung (siehe hierzu auch den Beginn dieses Buches) und haben entsprechend 2009 eine Mediatisierungstreppe entwickelt, welche unterschiedliche Abstufungen der Anpassungen an die Medien im Sport unterteilt (Dohle, Vowe & Wodtke 2009: 165) (siehe Modell 8).

Modell
Mediatisierte Varianten
Mediatisierte Regeln
Mediatisierte Ressourcen
Mediatisierte Handlungen
Mediatisierte Akteure
Mediatisierte Rhythmen
Mediatisierte Räume
Mediatisierte Instrumente

Modell 8: Die Mediatisierungstreppe im Sport nach Dohle, Vowe & Wodtke (2009: 165).

Schließlich ist es ein Unterschied, ob Räume und Sportstätten den Bedürfnissen den Medien angepasst werden, ob sich Akteur*innen wie Funktionär*innen und Sportler*innen den Medien anpassen, ober ob Regelwerke von Sportarten im Hinblick auf die Medien verändert werden. Wobei hier zunächst festgehalten werden muss, dass moderner Sport – anders als das moderne Wissenschaftssystem – von Beginn an eng mit dem modernen Journalismus verknüpft war (Birkner 2012). Man denke nur daran, dass die Tour de France von der Zeitung L'Auto 1903 inspiriert wurde und der Europapokal der Landesmeister, der Vorgänger der UEFA Champions League, von der französischen Sportzeitung *L'Equipe* mitinitiiert wurde (Frandsen 2014: 531).

Ökonomisierung des Sports

Entsprechen die komplexen Erkenntnisse der wissenschaftlichen Wahrheitssuche (wie oben ausgeführt) nicht unbedingt der Logik der Medien, so ist der Code des Sportsystems Sieg/Niederlage hingegen sehr anschlussfähig an journalistische Nachrichtenfaktoren und Routinen wie Polarisierung, Negativismus und Zuspitzung – natürlich nicht selten um den Preis einer Verkürzung und Vereinfachung. Der Zusammenhang von Sport und Medien ist bereits Altheide und Snow evident gewesen, die in ihrem Buch *Media Logic* (1979) dem US-Sport ein eigenes Kapitel widmen. Hier, wo die Logiken vermeintlich besser ineinandergreifen als bei anderen gesellschaftlichen Sozialsystemen, lässt sich auch die Verknüpfung von Ökonomisierung und Medialisierung beobachten, wobei sich offensichtlich die Ökonomisierung des Sports und die der Medien gegenseitig noch verstärken. Denn der Logik des Sportsystems folgend versuchen Sportler*innen und Vereine stets, ihre sportliche Performance zu verbessern, um Wettbewerbsvorteile zu erlangen und damit letztlich Siege zu erringen. Dies gelingt in einem ökonomisch getriebenen Sportbetrieb vor allem über höhere Einnahmen, die dann zum Beispiel in bessere Spieler*innen oder Trainingsanlagen investiert werden können. Dies soll vor allem durch eine verstärkte Medienpräsenz und damit verbundene höhere Werbeeinnahmen erzielt werden. Der ehemalige Fußballprofi Philipp Lahm (2016) hat dies kurz und knapp auf den Punkt gebracht: „Der Zusammenhang ist einfach: Mehr Interesse bedeutet mehr Geld."

Bedeutung von TV-Geldern

Krotz schreibt, der Fußball sei in Folge einer konstanten Kommerzialisierung „mediatisiert und visualisiert" worden (Krotz 2015c: 24). Es ist bereits Ende der 1980er-Jahre vom „sports/media complex" gesprochen worden, da die meisten Menschen Sport via Medien konsumieren und der Sport entsprechend in hohem Maße vom Geld der Medien abhängig sei (Jhally 1989: 77–78). Im Vordergrund steht dabei vor allem das Medium Fernsehen, so die dänische Kommunikationswissenschaftlerin Kirsten Frandsen (2014: 525): „This medium has for more than 50 years had an exceptionally profound influence on sports both in terms of economy and culture." Für den Fußball in Deutschland und seine Sternstunde beim ersten Weltmeistertitel 1954 in Bern schreibt der Sportjournalist Christian Eichler (2015: 199): „Es waren die Kindertage der Republik und die Junggesellentage des Fußballs, ehe er sich mit dem Fernsehen verheiratet hatte."

4. Empirische Befunde

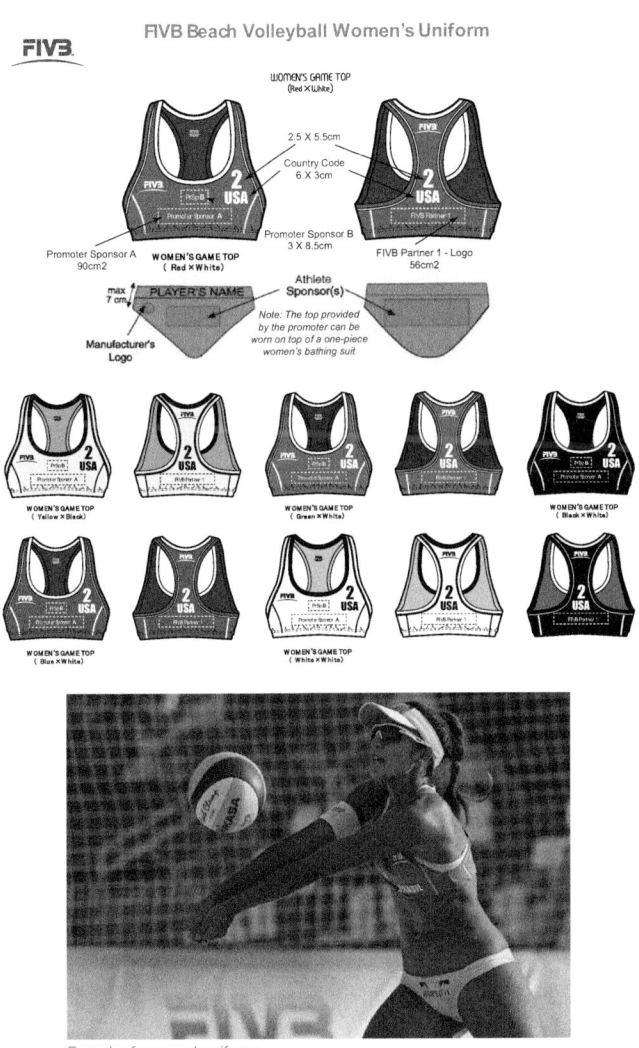

Abbildung 6: Damenbekleidungsvorschriften des internationalen Volleyballverbands (FIVB 2015: 60).

Eine solche Ehe streben heute die unterschiedlichsten Sportarten an, drängen mit großem Aufwand ins Fernsehen und verändern ihre Regelwerke und Vorschriften in der Hoffnung, sie mediengerechter zu machen. Besondere Aufmerksamkeit hatte in diesem Zusammenhang die Entscheidung im Volleyball und Beachvolleyball erhalten, möglichst kurze Sporthosen für die Sportlerinnen vorzuschreiben, um damit für den Zuschauer möglichst attraktiv zu sein (siehe Abb. 6). Seit den Olympischen Spielen 2012 in London gibt es eine langärmlige Alternative und auch längere Hosen sind erlaubt, da es „Bedenken hinsichtlich der Vereinbarkeit religiöser Überzeugungen potenzieller Teilnehmerländer mit der offenherzigen Kleiderordnung" gab (Heinecke 2014: 329). Bei den Olympischen Spielen in Rio de Janeiro 2016 sorgten dann die beiden ägyptischen Beachvolleyballerinnen Doaa Elgobashy und Nada Neawad mit ihren Ganzkörperanzügen für Aufsehen.

Stefanie Heinecke hat in ihrer Dissertation *Fit fürs Fernsehen? – Die Medialisierung des Spitzensports als Kampf um Gold und Sendezeit* neben Beachvolleyball die Sportarten Badminton, Dressurreiten, Fußball und den Modernen Fünfkampf analysiert und sehr differenzierte Befunde zusammengetragen (Heinecke 2014). Auch hier steht das Fernsehen im Mittelpunkt, weshalb sie von der TV-Logik spricht. Ganz der Sportterminologie entsprechend sortiert sie die Sportarten in Verteidiger, Spezialisten und Verfolger (siehe Modell 9).

<small>Verteidiger</small>

Zu den Verteidigern zählt sie neben Fußball (stets mit relativierenden Einschränkungen) Sportarten wie Tennis, Skispringen und Profiboxen sowie die Formel 1 und die Tour de France, die „bereits in ihren Grundzügen eine hohe Telegenität" besitzen, den „Anforderungen der TV-Logik" entsprechen und deshalb nur noch eine geringe „Anpassungsbereitschaft an die TV-Logik" aufweisen (Heinecke 2014: 251). Weil diese Sportarten bereits über eine starke Präsenz im Fernsehen verfügen, geht es ihnen vor allem um die Erhaltung des Status quo.

<small>Spezialisten</small>

Als Spezialisten bezeichnet Heinecke das Dressurreiten, außerdem Segeln und Golf. Es handelt sich hierbei um teure Sportarten, die eine gewisse Exklusivität für sich beanspruchen und entsprechend gar nicht unbedingt massentauglich sein möchten. Es ist eine geringe Anpassung an die TV-Logik zu beobachten, denn „man ist nicht gezwungen, allgemeine Medientauglichkeit um jeden Preis herzustellen, sondern konzentriert sich eher auf seine eigene kleine Zielgruppe" (Heinecke 2014: 456).

4. Empirische Befunde

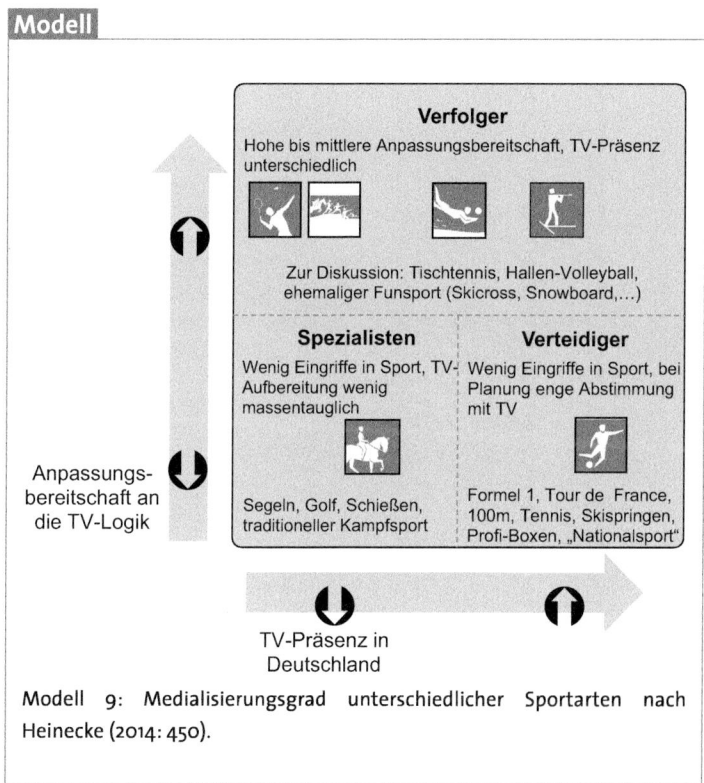

Modell 9: Medialisierungsgrad unterschiedlicher Sportarten nach Heinecke (2014: 450).

Zur Gruppe der Verfolger zählt Heinecke neben den von ihr analysierten Sportarten Badminton, Beachvolleyball und Moderner Fünfkampf etwa auch Biathlon und Tischtennis:

> „*Gemeinsames Ziel der* Verfolger *ist eine verstärkte Berichterstattung im Fernsehen und damit eine finanzielle und strukturelle Weiterentwicklung. Dafür werden umfangreiche Veränderungen auf der Programmebene in Kauf genommen, es besteht ein Bewusstsein für die Schwächen in der Telegenität der eigenen Sportart.*" (Heinecke 2014: 454, Hervorhebung im Original)

Verfolger

Solche Regeländerungen im Tischtennis haben Dohle, Vowe und Wodtke 2009 im Hinblick auf Medialisierungstendenzen hin untersucht und der Entwicklung im Fußball gegenübergestellt. Mit den Höschen der Volleyballerinnen am ehesten vergleichbar ist dabei die Vergrößerung des Tischtennisballs um 2 Millimeter von 38 auf 40 Millimeter, was der besseren Visualisierung dienen sollte. Insgesamt konnten mit einer standardisierten Inhaltsanalyse von Regelwerken

Regeländerungen

beim Tischtennis immerhin 11,6 Prozent der Regeländerungen von 1986/87 bis 2006/07 als mediengerechte Regeländerungen klassifiziert werden. Ein herausragende Rolle spielte dabei aber nicht der Ball, sondern „Modifikationen der Regeln zur besseren Orientierung auf *mediale Ressourcen*", was sich fast immer auf „die Vergrößerung der erlaubten Werbefläche" bezog (Dohle, Vowe & Wodtke 2009: 173, Hervorhebung im Original).

Für den Fußball konnten sie in dieser quantitativen Erhebung übrigens nur 2,2 Prozent der Regeländerungen als mediengerecht einordnen, wozu etwa die Rückpassregel von 1992 oder die Erlaubnis farbiger Schiedsrichtertrikots von 1993 zählen. Insgesamt finden sie keine eindeutigen „Belege dafür, dass die Medien mittlerweile die Entwicklung von Sportarten dominieren" (Dohle, Vowe & Wodtke 2009: 175). Allerdings stellt der norwegische Kommunikationswissenschaftler Knut Helland heraus, dass überhaupt erst das Aufstellen von Regelwerken oder auch das Entstehen von Ligen etwa im Fußball Voraussetzung für Medienbeobachtung waren (Helland 2007: 108): „Through a standardisation of the game, football's potential as mass spectator sport came to its right." Aus der Perspektive der Mediatisierungsforschung bringt Krotz (2015c: 25) weitere Bereiche zur Sprache. So sei das Fernsehen mittlerweile vielfach Basis für die Strategie- und auch Taktikentwicklung im Fußball und gleichzeitig als polizeiliches Überwachungsmedium in den Stadien präsent.

Zunahme der Anstoßzeiten

Meyen kommt 2014, in Übereinstimmung mit seiner Doktorandin Heinecke (2014), zu ganz anderen Erkenntnissen als Dohle, Vowe und Wodtke (2009), nutzt aber auch zahlreiche weitere Quellen über die Regelwerke hinaus und findet auf diesem Wege deutlich umfangreichere Medialisierungstendenzen. Dazu zählen für ihn die Rote Karte für brutale Fouls (Drama) und für Fouls von hinten (Ästhetik) sowie die Einführung von Auswechselmöglichkeiten (Narrativität), wobei in der Argumentation nicht immer klar wird, weshalb diese Regeländerungen medienspezifisch sein sollen. Sehr einleuchtend hingegen erscheint der Verweis auf die fernsehgerechte Auffächerung eines Bundesligaspieltages auf mehrere Anstoßzeiten, Medientrainings für Spieler und Trainer oder der Ausbau der PR-Abteilungen bei Bundesligavereinen als Anpassungen an die Medien.

All dies kann quantifiziert werden, ebenso wie das Geschehen auf dem Platz. Es lässt sich allerdings darüber streiten, ob kürzere Ballkontaktzeiten oder die steigende Zahl von Doppelpässen der Sportlogik zuzuordnen sind oder als Anpassung an die Medienlogik zu verstehen sind. Sie „widersprechen der TV-Logik zumindest nicht", so Meyen (2014: 390). Allerdings machen Dohle, Vowe und Wodtke (2009: 174) deutlich, dass „nicht immer eindeutig festgestellt werden kann, ob die Anpassung an die Medien intendiert war." Dies erfordert letztlich eine tiefergehende Analyse, die dann wiederum mit anderen Problemen zu kämpfen hat. So wurden die Autobiografien von zwölf Fußballern und zwei Fußballerinnen aus England und Deutschland einer qualitativen Inhaltsanalyse unterzogen, um auf diesem Wege die Rolle der Medien im Leben der Sportler*innen und insbesondere auch die Anpassung an die Medien herausarbeiten zu können (Birkner & Nölleke 2016). Problematisch ist dabei sicherlich, dass es sich um geschönte Selbstauskünfte handelt, in den meisten Fällen auch noch geschrieben von Ghostwritern aus dem Sportjournalismus. Einzig der ehemaliger Nationaltorwart Olli Kahn verzichtete auf diese Form der Unterstützung, was man dem Buch allerdings auch anmerkt.

In ihren Autobiografien offenbaren prominente Spieler wie David Beckham, Philipp Lahm, Michael Owen oder Jens Lehmann ihre Sicht auf die Medien und ihre Strategien im Umgang mit den Medien. Dabei kann als eine Facette der Anpassung auch die bewusste Abschirmung herausgearbeitet werden. Dagegen wünschen sich die beiden Frauen im Sample, Lira Bajramaj und Steffi Jones, mehr mediale Aufmerksamkeit für den Frauenfußball (Birkner & Nölleke 2016). Dies deckt sich wiederum mit den Bemühungen von Sportarten wie Tischtennis oder Volleyball um eine höhere Medienpräsenz. Fraglos also, so lassen sich die Befunde zusammenfassen, handelt es sich beim Sport um ein gesellschaftliches Subsystem, das sich durchaus an den Medien orientiert. Spannend bleibt allerdings, wie sich hier, wie auch in der Politik oder der Wissenschaft, die digitalen Medien in der Zukunft auswirken werden:

Abschirmung als Anpassung

> „*So, in many ways digital media appear to have a significant role to play in the future of sport and will undoubtedly challenge existing business models and shape the internal and external organizational structure of the field as a whole.*" *(Frandsen 2014: 541)*

Soziale Netzwerke stehen im Fokus aktueller Forschung zum Verhältnis von Sport und Medien, und dabei scheinen zwei eng miteinander verwobene Phänomene von besonderem Interesse. Plattformen wie Twitter, Instagram, TikTok und Facebook spielen in der Sportkommunikation eine immer größere Rolle (Grimmer, 2017; Grimmer & Horky 2018; Stiehler & Horky 2018) und können einerseits komplementär zum Sportjournalismus (Nölleke 2018; Nölleke, Grimmer

Social Media und Sport

& Horky 2017) wirken. Sie bieten aber andererseits ganz generell die Möglichkeit, unter Umgehung des Journalismus und der klassischen Massenmedien zu kommunizieren (Schulz 2014; Tedesco 2011) und somit auch Sportler*innen, direkt mit ihren Fans und auch untereinander zu kommunizieren (Hull 2014; Sheffer & Schultz 2010, 2013). Zuletzt hat sich Peter English dem Gegensatz zwischen kritischem Sportjournalismus und „In House Media" in einem Special Issue der angesehenen kommunikationswissenschaftlichen Fachzeitschrift *Communication and Sport* zu „Sport and Mediatization: Sports Events and Cultures Across the World" gewidmet (English 2022). In diesem Kontext geht es insbesondere darum, dass große Sportvereine oder Verbände wie die Fifa über ihre eigenen Medienkanäle, auch „Owned Media" genannt, mittlerweile eine völlig unkritische Berichterstattung über sich selbst publizieren können.

Dabei zeigt die Forschung zu der Verfolger-Sportart Badminton (Heinecke 2014), dass die Sportler*innen jeweils in der ersten deutschen Bundesliga tatsächlich unzufrieden mit der Berichterstattung der journalistischen Sportmedien sind und sie, wie auch die Funktionär*innen der Volleyballbundesliga (VBL), durchaus das Potential von Social Media zur direkten Kommunikation mit den Fans erkennen. Dies führt aber nicht zwangsläufig zu einem entsprechenden Handeln auf den eigenen Social Media-Kanälen (Nölleke & Birkner 2019).

Mediatization and Sport

Nun scheint es sich hierbei vordergründig einerseits um ein Thema der Mediatisierungsforschung und andererseits der Medialisierungsforschung zu handeln. Doch kann dieses Beispiel auch deutlich machen, dass beide Ansätze eigentlich komplementär zueinander zu verstehen sind. Tatsächlich wird allerdings in den mittlerweile zahlreichen Studien zu Social Media und Sport vor allem aus den USA bislang kaum mit den in der europäischen Kommunikationswissenschaft so vielfach genutzten, populären wie umstrittenen Konzepten Medialisierung und Mediatisierung gearbeitet. Zuletzt hat jedoch das oben bereits erwähnte Special Issue von *Communication and Sport* den Stand der Forschung zu „Sport and Mediatization" offenbart. Während sich Küpper, Gossing und Birkner mit dem Tennissport im Fernsehzeitalter aus der Perspektive der Tennisstars Monika Seles, Serena Williams, Andre Agassi und Rafael Nadel beschäftigen (Küpper, Gossing & Birkner 2022), widmet sich ein weiteres deutsches Forscher*innenteam dem Ausbau digitaler Medienangebote durch Sportvereine während der Corona-Pandemie (Schallhorn, Nölleke, Sinner, Seeger, Nieland, Horky & Mehler 2022). Gleich zwei Beiträge beschäftigen sich mit dem in Deutschland missverständlich so genannten „Videobeweis", dem *Video Assistant Referee* (VAR) (Frandsen & Landgrebe 2022; d'Andréa & Stauff 2022). Diese Videounterstützung der Schiedsrichter*innen im Fußball stellt tatsächlich eine Mediatisierung des Sports dar, die zukünftig auch eine entsprechende Erforschung durch eine Verknüpfung von Medialisierung und Mediatisierung erfordert.

5. Fazit und Ausblick

Medialisierung und Mediatisierung sind jeweils fruchtbare Ansätze in der Kommunikationswissenschaft, um den Bedeutungsgewinn von Medien für die Menschen in modernen Gesellschaften analytisch fassen zu können. Dabei handelt es sich zunächst einmal um zwei distinkte Zugänge, die zum Teil mit unterschiedlichen Methoden arbeiten, unterschiedliche Forschungsschwerpunkte haben und unterschiedlichen Forschungstraditionen entstammen. Das führt bislang vornehmlich dazu, dass in der Mediatisierungsforschung die Rolle von digitalen Medien im Alltag der Menschen in der Regel mit qualitativen Methoden untersucht wird und die Medialisierungsforschung die Rolle von Massenmedien für unterschiedliche Teilbereiche moderner Gesellschaften in der Regel mit quantitativen Methoden untersucht. Natürlich gibt es hiervon abweichende Beispiele, die gegebenenfalls zur Weiterentwicklung der jeweiligen Konzepte beitragen können.

Während in der Mediatisierungsforschung viele den Begriff der Medienlogik(en) ablehnen, gehen Bemühungen im Bereich der Medialisierungsforschung dahin, diesen analytisch besser zu operationalisieren, etwa „Rethinking the logics" (Landerer 2013) oder „Media logic(s) revisited" (Thimm, Anastasiadis & Einspänner-Pflock 2018), durch Erweiterungen wie „network media logic" (Klinger & Svensson (2015) und „new media logic (Jost 2022), oder durch Präzisierungen wie die „news media logic" (Strömbäck & Van Aelst 2013: 342; Esser 2013: 166; Asp 2014), die nach der *Medialisierung der Öffentlichkeit* (Wendelin 2011) nun den Journalismus ins Zentrum rückt. Das, so Risto Kunelius und Esa Reunanen, passiere jedoch in einer Phase, in der der Journalismus das Monopol auf öffentliche Informationsverbreitung einbüßt (Kunelius & Reunanen 2016). Der Journalismus befindet sich in seinem neuen medialen Ökosystem im Spannungsfeld von Medialisierung und Mediatisierung. Aske Kammer spricht deshalb von einer Medialisierung des Journalismus (Kammer 2013) im Sinne von Kommerzialisierung und Technologisierung, während Kunelius und Reunanen lieber von „de-mediatization" sprechen:

> *„If this is true, we are witnessing simultaneously a process of mediatization (felt by other institutions as the imagined growing influence of the media) and a process of de-mediatization (the news media losing some control over their own power resource)." (Kunelius & Reunanen 2016: 374)*

5. Fazit und Ausblick

Wird dies dann als Medialisierung der Medien (Cushion & Thomas 2013: 342) verstanden, klingt das für Marcinkowski „nicht nur im ersten Moment nach einer reichlich paradoxen Begriffsbildung" (Marcinkowski 2015: 79).

Damit ist ein wichtiger Punkt genannt. Beiden Ansätzen ist gemein, dass sie dazu einladen, scheinbar alles als Medialisierung bzw. Mediatisierung zu begreifen. Doch sollte klar sein, dass die beschriebenen Prozesse weder linear noch eindimensional sind, sondern auch – aus einer wissenschaftlichen Perspektive heraus – falsifizierbar bleiben müssen. Dies hat die zukünftige Theoriearbeit ebenso zu berücksichtigen wie die gegenläufigen Trends einer Nicht- oder Entmedialisierung bzw. -mediatisierung. Beispiele hierfür wären die „Entnetzung" (Stähli 2013) oder auch „counter-mediatization" bzw. „de-mediatization" (u.a. Grenz & Pfadenhauer 2017; Kunelius 2014). Gleichsam bedeutend sind Phänomene der Beharrung (Hepp & Röser 2014) oder der Abschirmung (Marcinkowski & Steiner 2010; Birkner & Nölleke 2016; Nölleke, Scheu & Birkner 2021). Dabei gehen Bewegungen des „Digital Detox" natürlich über ein Beharren hinaus, denn es geht dann um bewusste Gegenbewegungen, weshalb Michaela Grenz und Tilo Pfadenhauer (2017) von der „nonlinearen Brüchigkeit von Mediatisierungsprozessen" sprechen:

> *„Konkreter meinen wir mit De-Mediatisierung ein Sich-gegen-den-jüngsten-Medienwandel-Widersetzen bzw. ein Sichwidersetzen gegen soziale und kulturelle Konsequenzen des informations- und kommunikationstechnischen Fortschritts." (Grenz & Pfadenhauer 2017: 192)*

In der Medialisierungsforschung öffnet die Einbeziehung der Abschirmung und damit die Aufspaltung der Logik den Blick darauf, dass viele Teilsysteme der Gesellschaft eine Hinterbühne benötigen, einen vor der Öffentlichkeit bewusst geschützten Bereich. Nölleke, Scheu und Birkner haben dies explizit „The other side of mediatization" (Nölleke, Scheu & Birkner 2021) genannt. Dabei geht es darum, nicht nur die stets im Forschungsfokus stehenden offensiven Anpassungen an die Medien zu beachten, sondern eben auch die häufig eher defensiven Abwehr- und Abschirmmechanismen. Donges hat die „bewusste Nicht-Anpassung an die Medienlogik" (Donges 2005: 334) thematisiert und Marcinkowski und Steiner sprechen in diesem Zusammenhang davon, dass neben der Anpassung „auch strukturelle Vorkehrungen zur *Abschirmung* vor öffentlicher Aufmerksamkeit" (Marcinkowski & Steiner 2010: 71, Hervorhebung im Original) beachtet werden müssen. Sie schlagen insgesamt ein „Push-and-Pull-

Zukünftige Theoriearbeit

Die andere Seite der Medialisierung

Modell" von Medialisierung vor, „das die spezifischen Bedingungen des Prozesses nicht nur bei den Medien, sondern auch bei den ‚medialisierten' Umwelten der Medien verortet" (Marcinkowski & Steiner 2010: 72). Blumler und Esser haben auf dieser Basis (Marcinkowski & Steiner 2010, 2014; Donges & Jarren 2014) am Beispiel der britischen Parlamentswahlen 2015 zwischen einer auf die politischen Akteure zentrierten und auf die Medienakteure zentrierten Perspektive differenziert und so eine Unterscheidung zwischen

> *„push forces (expressing an active role of the media in shaping the campaign discourse – by simultaneously adapting to news management) and pull forces (expressing an active role of the parties in shaping the campaign discourse – by simultaneously adapting to the media)" (Blumler & Esser 2019: 868)*

getroffen. Diese Weiterentwicklungen zeigen, dass sich die beiden beschriebenen Ansätze erst noch auf dem Weg zu vollständig etablierten wissenschaftlichen Theorien befinden. Dafür sprechen auch die hier vorgestellten empirischen Befunde. Die große Zahl an Einzelbefunden führt bislang zwar zu einer quantitativen Vermehrung des Wissens, aber insgesamt noch zu wenig zu einer qualitativ neuen Form des Verstehens der Prozesse von Medialisierung und Mediatisierung. So wissen wir heute auf der Basis zahlreicher Studien deutlich mehr über die Medialisierung der Politik. Allerdings stehen die Erkenntnisse zu unterschiedlichen Hierarchieebenen (von Spitzenpolitiker*innen bis zu Lokalpolitiker*innen) oder unterschiedlichen Politikfeldern (Energiepolitik und Klimapolitik) noch vergleichsweise lose nebeneinander. Gleichsam werden manchmal Journalist*innen mit untersucht, das Publikum oder Wähler*innen selten, und auch Längsschnittstudien sind nach wie vor rar.

Dies gilt ebenso für die Mediatisierung, obschon unter dem gemeinsamen Dach der „Mediatisierten Welten" durchaus beachtenswerte Synergien geschaffen wurden. Doch auch hier differieren die Ergebnisse zu unterschiedlichen Lebensbereichen wie der Mediensozialisation, der Fitness, der Visualisierung oder des Zuhauses beträchtlich – wobei zumindest die Möglichkeiten einer gemeinsamen Theoriebildung deutlich werden. Insgesamt aber scheint das Potenzial der Ansätze noch nicht ausgeschöpft. Mediatization, um hier den englischen Oberbegriff zu verwenden, ist jedoch, so betonen Livingstone und Lunt (2014) ein „sensitizing concept", welches sie als fruchtbares „research programme" für die Zukunft sehen (Lunt & Livingstone, 2016). Vielfach wird bei der Medialisierungs- und Mediatisierungsforschung von einem Paradigmenwechsel (Hepp, Hjarvard &

5. Fazit und Ausblick

Lundby 2015) gesprochen; Esser und Strömbäck (2014) sehen ein „paradigm in the making", und auch Livingstone und Lunt (2014) sprechen von einem „emerging paradigm".

Akteure

Sonia Livingstone

Sonia Livingstone, Jahrgang 1960, trägt seit 2014 den Titel „Officer of the Order of the British Empire (OBE)" für ihre Verdienste für Kinder und ihre Sicherheit im Internet. Berühmt sind vor allem ihre Studien „UK Children Go Online" und „EU Kids Online I-III". Die studierte und promovierte Psychologin (BA in Psychologie am University College London, PhD in Psychologie an der Oxfold University) ging zunächst 1990 als Lecturer an das Department für Sozialpsychologie an der London School of Economics (LSE), wo sie 1997 Senior Lecturer und 1999 Professorin wurde. Seit 2003 lehrt sie als Professorin am neu gegründeten Department für Medien und Kommunikation der LSE.

Livingstone war von 2007 bis 2008 Präsidentin der International Communication Association (ICA); eine von sehr wenigen Frauen in diesem Amt und darüber hinaus auch eine der wenigen, die nicht aus den USA stammt (Meyen 2012; Wiedemann & Meyen 2016). In ihrer ICA Presidential Address sprach sie 2008 von der „mediation of everything" (Livingstone 2009). Sie trug damit zum einen zur Popularisierung des Ansatzes bei, aber auch zur kritischen Auseinandersetzung damit. Dieser Einstellung ist sie treu geblieben. 2014 und 2016 lieferte sie gemeinsam mit ihrem Kollegen Peter Lunt luzide Beiträge zum Paradigma Mediatization, in denen sie einerseits das Konzept verteidigten, andererseits verstärkt auf seine Weiterentwicklung beharrten. Auch mit der Wahrnehmung der Kommunikationswissenschaft hat sie sich immer wieder auseinandergesetzt. Im Interview mit Michael Meyen sagte sie 2012: „A typical political scientist might study the impact of the Internet for political processes, without ever reading a communication journal." (Meyen 2012: 2392) Im *Aviso* der DGPuK äußerte sie sich 2016 optimistischer: „I believe we are needed by many constituencies across society, and our job is to get out there, talk to all those who value what we bring, and get on with the job." (Livingstone 2016: 8)

Beide Ansätze versuchen, die wachsende Bedeutung der Medien in unserer Gesellschaft analytisch zu fassen, theoretisch zu erklären und empirisch zugänglich zu machen. Weil sie hierzu durchaus unterschiedliche Wege wählen, können sie sich sinnvoll ergänzen, können also als komplementär statt konkurrierend verstanden werden und

5. Fazit und Ausblick

in gemeinsamen Forschungsprojekten zusammenfließen, wenn man miteinander stärker darauf fokussiert, zu untersuchen, „how mediatization functions by what happens with communication when individuals, institutions, and organizations use media" (Krotz & Hepp 2013: 123).

Zukünftig könnten die sich ausdifferenzierenden neuen kommunikativen Formen der individuellen Mediennutzung und -aneignung auf der Mikroebene aus der Perspektive der Mediatisierungsforschung sowie der mediale Anpassungsdruck auf Organisationen aus der Perspektive der Medialisierungsforschung als Prägung des jeweiligen Mediensystems im Zeitverlauf ineinandergreifen. Bei den beiden Konzepten, so Marian Adolf, handele es sich zwar um zwei Gesichter, aber eben nur einen Kopf. Denn die Zunahme von Medienkanälen im individuellen Alltag und die Zunahme des Einflusses von Medien in weiteren gesellschaftlichen Feldern benötige jeweils als Grundlage ein „hinreichend abstraktes Konzept" für die Erfassung des „jeweils historisch spezifische[n] Medienensembles" (Adolf 2017: 46). Das gilt auch, aber eben nicht nur, für die Mediensozialisationsforschung (Birkner & Krämer 2016, 2017). So fanden bislang etwa Erkenntnisse zur Medialisierung des Sports keine Berücksichtigung bei der Forschung zur mediatisierten Fitness oder zum mediatisierten Poker, obwohl dort explizit mediatisierte Varianten von Sportarten auf der höchsten Stufe auf der Mediatisierungstreppe stehen (siehe Seite 87).

> **Kernsätze**
>
> „Mediatisierungsforschung fragt, dies ist zunächst relativ konsensuell zu sagen, nach dem sozialen Wandel auf Mikro-, Meso- und Makroebene im Kontext der Medien und umgekehrt." (Krotz 2014: 8)

Dabei könnte neben der jeweils noch nicht abgeschlossenen Theoriearbeit das Miteinander helfen, die theoretischen Defizite beider Ansätze zu verringern und so gemeinsam stärker empirische Forschung anzuleiten, wenn die „institutional dimension of the media as it is originally linked with the concept of 'media logic', as well as the more situative focus on the communicative construction of sociocultural reality" (Hepp 2013c: 627), zusammen gedacht werden. James Stanyers und Sabina Miheljs Klage im *Journal of Communication*, die Kommunikationswissenschaft verfüge weder über Konzepte noch über methodisches Rüstzeug, um Wandel analytisch zu fassen, ist vor allem auf die hier besprochenen Konzepte zu Medialisierung und

Mediatisierung gemünzt (Stanyer & Mihelj 2016). Nach wie vor fehlen die große Linien, fehlen beiden Ansätzen solide theoretische Grundlagen, weshalb gelegentlich der Eindruck entsteht, viele Forscher*innen nutzten das jeweilige Konzept gerade so, wie es ihnen passt.

Dabei ist der Fluchtpunkt klar und auch gemeinsam formuliert: Der Prozess des Medienwandels wird in seinen Konsequenzen auf der Makroebene des Gesellschaftswandels verortet und kann mit weiteren Metaprozessen wie Ökonomisierung, Individualisierung und Globalisierung in Verbindung gesetzt werden. Untersucht wird der Prozess dann aber vor allem auf der Mikro- bzw. Mesoebene, wenn das Medienhandeln von Akteuren und Institutionen erforscht wird. Weil aber, wie Schwarzenegger mit Bezug auf Bolin (2014) betont, „Makrostrukturen durch die Analyse von Mikroprozessen zu erschließen sind" (Schwarzenegger 2017: 110), ist Bolins „media as a world"-Ansatz eine Möglichkeit, nicht zwangsläufig zwischen Mikro-, Meso- und Makroperspektiven trennen zu müssen. Hier kann ein vereintes Vorgehen erfolgreich sein. Denn einerseits, sozusagen von „unten" kommend, hat sich die menschliche Kommunikation fragmentiert, individualisiert, gleichzeitig aber auch weiter sozialisiert, beschleunigt und lokalisiert. Andererseits, sozusagen von „oben" kommend, sind Organisationen einem verschärften Wettbewerb und einer massiven Ausdifferenzierung ausgesetzt. Will man ganzheitlich erklären können, was dies alles nun für die Gesellschaft, das menschliche Zusammenleben und die Großtrends von Ökonomisierung, Globalisierung und Individualisierung bedeutet, müssen beide Forschungsstränge stärker als bislang gemeinsam gedacht werden.

Einen möglichen Ansatz, Medialisierungs- und Mediatisierungsperspektive zu vereinen, zeigen vermutlich jene Denker auf, die für die Überwindung der Dichotomie von Strukturen und sozialen Systemen auf der einen und Akteuren und Individuen auf der anderen Seite stehen. Hier bietet sich Anthony Giddens (1984) mit seiner Strukturationstheorie ebenso an wie Uwe Schimank (2010) mit seiner Akteurs-Struktur-Dynamik. Schimank wird – von Elias kommend – sowohl in der Mediatisierungsforschung und hier insbesondere in den Kommunikativen Figurationen (Hepp & Hasebrink 2014a, 2014b; Hepp & Hasebrink 2017) aufgenommen, als auch in der Medialisierungsforschung (Meyen, Thieroff & Strenger 2014; Meyen, Strenger & Thieroff 2015; Karidi 2016, 2017).

Darüber hinaus haben Deacon und Stanyer (2015) vorgeschlagen, doch eher von „Mediatization and" statt „Mediatization of" zu spre-

Akteurs-Struktur-Dynamik

chen. Dies erscheint durchaus beachtenswert, denn auf diesem Wege geht viel Deterministisches verloren, und der Blick kann klarer auf das Miteinander von Politik und Medien oder Sportler*innen und Smartphones gerichtet werden. So könnte sich zukünftige Forschung noch stärker als bislang auf das Ineinandergreifen von Medienwandel und gesellschaftlichem Wandel fokussieren, und zwar sowohl in lebensweltlichen Bereichen als auch in gesellschaftlichen Teilbereichen. Mazzoleni hat darauf hingewiesen, dass „Mediatization of" würde "media-centric and causal meanings" transportieren, dabei sei doch die „media industry" selbst mittlerweile „affected by dramatic changes vis-à-vis the penetration of the Internet and of web-centred (sic!) logics and practices" (Mazzoleni 2017: 139).

Deep Mediatization — Durch das Internet und insgesamt durch die Digitalisierung, so Hepp, sei schließlich eine neue Stufe der Mediatisierung erreicht. In der von ihm konzipierten *Deep mediatization* sieht er „a challenge to mediatization research, as it must incorporate the analysis of algorithms, data and digital infrastructures" (Hepp 2020: 6). Er arbeitet fünf Entwicklungen und Trends heraus: „the increasing differentiation of digital media, their connectivity, their omnipresence, pace of innovation and datafication" (Hepp 2020: 176). Das 2020 erschienene Buch *Deep mediatiztion* wurde 2021 in einer deutschen Übersetzung bei Halem unter dem Titel *Auf dem Weg zur digitalen Gesellschaft – Über die tiefgreifende Mediatisierung der sozialen Welt* veröffentlicht (Hepp 2021). Im Vorwort zur deutschen Ausgabe erklärt Hepp (2021: 9): „Wir leben nicht in der digitalen Welt. Wir sind aber auf dem Weg dahin." Diesen Weg wissenschaftlich zu begleiten, wird (gemeinsame) Aufgabe von Medialisierungs- und Mediatisierungsforschung sein.

Mediasierung — Es ist bereits mehrfach in diesem Buch angeklungen: Durch die Digitalisierung von Kommunikation erscheint es sinnvoll, die beiden Ansätze stärker miteinander zu verschränken. Weil sich

> „die bislang vornehmlich von der Medialisierungsforschung erforschte Politik nicht mehr nur medialisiert sondern auch mediatisiert und die von der Mediatisierungsforschung untersuchte Alltagskommunikation sich nicht nur mediatisiert, sondern auch medialisiert und der jeweilige Gegenstand dadurch mit dem jeweiligen Ansatz der Mediatisierungs- bzw. Medialisierungsforschung allein nicht mehr umfassend erforscht werden kann, wird hier für ein gemeinsames Vorgehen plädiert" (Birkner 2021: 198).

5. Fazit und Ausblick

Die bereits vorgestellte Matrix von Schäfer (2014) kann entsprechend auch auf die politische Kommunikation übertragen werden. So wird deutlich, dass Medialisierung und Mediatisierung ineinandergreifen. Eine zukünftige gemeinsame Bezeichnung „könnte Mediasierung lauten" und durch „den Wegfall von t und l" würde ein Streitpunkt zwischen den unterschiedlichen Lagern wegfallen (Birkner 2021: 199–200). Wie im Englischen gäbe es einen gemeinsamen Namen, der zwei unterschiedliche Forschungsstränge zwar stärker miteinander verbinden würde, die dennoch in ihrer jeweiligen Tradition wertvoll und unterscheidbar bleiben.

	Massenkommunikation	Interne Kommunikation	Interaktive Kommunikation
Extension	Massenmediale Präsenz nimmt überall im Politiksystem zu, ebenso wie Social Media	Soziale Medien erweitern den Diskursraum	Und ermöglichen den direkten Austausch mit den Wähler*innen
Amalgamierung & Substitution	Massenmedien und Social Media als relevante Informationsquellen für Politiker*innen und Ersatz von professioneller durch mediale Reputation	Social Media ersetzen/ bedrohen zunehmend vormals arkane Bereiche wie Hinterzimmer und mediatisieren diese Räume	Massenmedientauglichkeit wird ergänzt, ersetzt, durch Follower*innenzahlen, Reichweite auf Social Media als neue Währung
Anpassung	Anpassung von Politiker*innen an die (wahrgenommene) Logik der Massenmedien und die Netzwerklogik von Social Media	Online-/e-Kompetenzen wichtiger; Datafizierung der Politik und der politischen Kommunikation	Herausforderungen und Möglichkeiten durch fake news, hate speech, social bots, fact checking

Tabelle 4: Matrix zu Medialisierung und Mediatisierung der politischen Kommunikation (Birkner 2022: 104; 2021: 200) nach Schäfer (2014: 574).

Denn auch ohne die hier in Aussicht gestellte Verknüpfung der Ansätze haben die beiden bereits etablierten Blickrichtungen ihre jeweils eigenen Stärken. Medialisierung und Mediatisierung haben auf den eingeschlagenen Wegen ein enormes Potential, die Kommunikations- und Medienforschung weiterzuentwickeln und wertvolle Erkenntnisse über die Rolle der Medien in modernen Gesellschaften liefern zu können.

6. Top Ten der Forschungsliteratur

1. Altheide & Snow (1979)

Am Anfang steht die *Media logic*. Trotz der Kritik vieler Mediatisierungsforscher am Begriff der Medienlogik berufen sich doch beide hier dargestellten Ansätze auf diese maßgebliche Schrift von Altheide und Snow. Häufig wird auch der knapp zehn Jahre jüngere Aufsatz der beiden "Toward a Theory of Mediation" aus dem *Communication Yearbook* zitiert (Altheide & Snow 1988).

2. Kepplinger (2002)

Im Bereich der quantitativen Erforschung der Medialisierung der Politik hat Hans Mathias Kepplinger mit seinen Studien einen bedeutenden Beitrag geleistet. Die vielleicht wichtigste Publikation hierzu erschien 2002 im *Journal of Communication*. Kepplinger nimmt darin die Aktivitäten des Bundestages und die Berichterstattung darüber von der ersten bis zur zwölften Legislaturperiode in den Blick. Während die Aktivitäten im Bereich der Entscheidungsfindung und -durchsetzung stabil bleiben, nehmen Informationsaktivitäten im Zeitverlauf zu, so auch die Bedeutung von symbolischer Politik als Kennzeichen von Medialisierung.

3. Schulz (2004)

Einer der wohl meistzitierten Aufsätze, der sowohl zur Medialisierung als auch Mediatisierung breit rezipiert wurde. Winfried Schulz hat sich insbesondere um die Theoriebildung verdient gemacht. Instruktiv ist vor allem die analytische Unterteilung der Prozesse Extension, Substitution, Amalgamierung und Akkommodation. Ein absolutes Must-Read für jeden, der sich mit Medialisierung und Mediatisierung beschäftigen möchte.

4. Bösch & Frei (Hrsg.) (2006)

Einen der wenigen (aber gerade deshalb so wichtigen) Beiträge der Geschichtswissenschaft liefern die Historiker Frank Bösch und Norbert Frei mit dem Sammelband *Medialisierung der Demokratie im 20. Jahrhundert*. Bedeutend ist hier vor allem das Bemühen, der Komplexität des Gegenstands gerecht zu werden und Medialisierung und Politisierung gemeinsam zu denken. Aus Perspektive der Medien- und Kommunikationswissenschaft besonders interessant sind die genannten Schnittpunkte der deutschen Mediengeschichte des 20. Jahrhunderts, die nicht auf die Einführung neuer Medien abzielen, sondern politische Ereignisse wie die Neuordnung des Mediensystems nach 1945 durch die Alliierten oder die *Spiegel*-Affäre fokussieren.

5. Arnold et al. (Hrsg.) (2010)
Im Anschluss an den Band von Bösch und Frei hieß der Titel der Jahrestagung der Fachgruppe Kommunikationsgeschichte der DGPuK 2008 in Zusammenarbeit mit dem Studienkreis Rundfunk und Geschichte und dem Zentrum für Zeithistorische Forschung Potsdam: *Von der Politisierung der Medien zur Medialisierung des Politischen?* Im gleichnamigen Sammelband ist insbesondere der Text von Marcinkowski und Steiner (2010) zu einem vielzitierten Aufsatz in der Medialisierungsforschung geworden.

6. Marcinkowski (2014, 2015)
Neben seinen Arbeiten mit Steiner hat Frank Marcinkowski sehr luzide Reflektionen des Standes des Medialisierungskonzeptes im Anschluss an Schulz (2004) vorgelegt und dies mit programmatischen Forderungen für zukünftige Forschung verknüpft. Diese gehen zum einen dahin, die unterschiedlichen Dimensionen auch wirklich zu berücksichtigen, und sind zum anderen ein Plädoyer für Längsschnittuntersuchungen.

7. Krotz & Hepp (Hrsg.) (2012); Krotz et al. (Hrsg.) (2014, 2017)
Im Bereich der deutschsprachigen Mediatisierungsforschung sind insbesondere die Sammelbände zu dem Schwerpunktprogramm „Mediatisierte Welten" bedeutsam. Nach *Mediatisierte Welten* (2012) erschienen noch die Fortsetzungen *Mediatisierte Welten: Die Mediatisierung sozialer Welten: Synergien empirischer Forschung* (2014) und *Mediatisierung als Metaprozess. Transformationen, Formen der Entwicklung und die Generierung von Neuem* (2017). Im Synergien-Band von 2014 werden nicht nur Ergebnisse präsentiert, sondern es wird vor allem der Versuch unternommen, die einzelnen Teilprojekte des Schwerpunktprogramms miteinander zu verbinden.

8. Lundby (Hrsg.) (2014)
Dieser voluminöse Sammelband vereint auf über 700 Seiten Beiträge zur *Mediatization of Communication*. Hier werden sowohl die historische Perspektive (mit Beiträgen u.a. von Stefanie Averbeck-Lietz und Friedrich Krotz) als auch zum Teil bislang weniger erforschte Bereiche der Gesellschaft in den Blick genommen (etwa Kunst, Religion und Erziehung). Die Kapitel zu Medien und Gesellschaft (mit Beiträgen von Bolin, Hjarvard und Couldry) sowie zu Macht,

Recht und Politik (mit Beiträgen u.a. von Asp und Strömbäck & Esser) sind ebenfalls sehr gut besetzt. Beachtenswert ist außerdem der Beitrag von Frandsen zur Medialisierung des Sports. Der Band hat einen skandinavischen Einschlag, was die Dominanz der dortigen Kolleg*innen in diesem Bereich unterstreicht, und endet mit einem sehr lesenswerten Fazit von Sonia Livingstone und Peter Lunt.

9. Hepp (2020) (2021)

Mit *Deep mediatization* (2020) hat Andreas Hepp ein Buch vorgelegt, welches insbesondere die Digitalisierung als Ausgangspunkt einer vertieften Mediatisierung versteht. Entsprechend heißt die deutsche Übersetzung *Auf dem Weg zur digitalen Gesellschaft – Über die tiefgreifende Mediatisierung der sozialen Welt* (Hepp, 2021). Hier werden als neue Trends der Digitalisierung insbesondere „die zunehmende Differenzierung der digitalen Medien, ihre steigende Konnektivität, Omnipräsenz, Innovationsgeschwindigkeit und Datafizierung" genannt (Hepp 2021: 242).

10. Nölleke, Scheu & Birkner (2021)

In diesen Beitrag aus *Communication Theory* beschäftigen sich Nölleke, Scheu und Birkner mit der in Theorie und Forschungspraxis häufig vernachlässigten „other side of mediatization" (2021). Während sich die empirische Forschung zumeist auf die offensive Anpassung an die Medien fokussiert, werden hier explizit defensive Strategien der Abschirmung gegenüber den Medien als die andere Seite der Medialisierung in den Blick genommen. Hierzu wird der theoretische Rahmen des Medialisierungskonzept entsprechend erweitert und mit Beispielen etwa aus dem Justizsystem, der Politik, der Wissenschaft und dem Sport gearbeitet.

7. Literatur

Adolf, M. (2017). Zwei Gesichter der Mediatisierung? Ein Beitrag zur theoretischen Fundierung der Mediatisierungsforschung und ihres Verhältnisses zur Mediensozialisationsforschung. In D. Hoffmann, F. Krotz & W. Reißmann (Hrsg.), *Mediatisierung und Mediensozialisation: Prozesse – Räume – Praktiken* (S. 41–57). Wiesbaden: Springer VS.

Altheide, D. L. (1996). *Qualitative Media Analysis*. Newbury Park, CA: Sage.

Altheide, D. L. (2002). *Creating Fear: News and the Construction of Crisis*. Hawthorne, NY: Aldine de Gruyter.

Altheide, D. L. (2006). *Terrorism and the Politics of Fear*. Lanham, MD: Altamira Press.

Altheide, D. L. (2009). *Terror Post 9/11 and the Media*. New York: Peter Lang Publishers.

Altheide, D. L. (2013). Media Logic, Social Control, and Fear. Communication Theory, 23(3), 223–235.

Altheide, D. L. (2014). *Media Edge: Media Logic and Social Reality*. New York: Peter Lang.

Altheide, D. L. & Snow, R. P. (1979). *Media Logic*. Beverly Hills: Sage.

Altheide, D. L. & Snow, R. P. (1988). Toward a Theory of Mediation. *Communication Yearbook*, 11, 194–223.

Altheide, D. L. & Snow, R. P. (1991). *Media Worlds in the Postjournalism Era*. Hawthorne, NY: Aldine de Gruyter.

Altheide, D. L. & Schneider, C. J. (2013). *Qualitative Media Analysis*. Second Edition. Newbury Park, CA: Sage.

Arnold, K., Classen, C., Kinnebrock, S., Lersch, E. & Wagner, H.-U. (Hrsg.) (2010). *Von der Politisierung der Medien zur Medialisierung des Politischen? Zum Verhältnis von Medien, Öffentlichkeiten und Politik im 20. Jahrhundert*. Leipzig: Leipziger Universitätsverlag.

Asp, K. (1986). *Mäktiga massmedier: Studier i politisk opinionsbildning*. Stockholm, Sweden: Akademilitteratur.

Asp, K. (2014). News Media Logic in a New Institutional Perspective. *Journalism Studies*, 15(3), 256–70.

7. Literatur

Averbeck-Lietz, S. (2014). Understanding Mediatization in „First Modernity": Sociological Classics and their Perspectives on Mediated and Mediatized Societies. In K. Lundby (Hrsg.), *Mediatization of Communication* (S. 109–130). Berlin/Boston: de Gruyter.

Averbeck-Lietz, S. (2015). *Soziologie der Kommunikation. Die Mediatisierung der Gesellschaft und die Theoriebildung der Klassiker.* Berlin: de Gruyter.

Bachmann, G. & Wittel, A. (2006). Medienethnografie. In R. Ayaß & J. Bergmann, (Hrsg.), *Qualitative Methoden der Medienforschung* (S. 183–219). Reinbek bei Hamburg: Rowohlt.

Baugut, P. (2017). *Politiker und Journalisten in Interaktion. Einfluss des Medienwettbewerbs auf lokale politische Kommunikationskulturen.* Wiesbaden: Springer VS.

Baugut, P. (2019). From Interactions to the Mediatization of Politics. How the Relationships Between Journalists and Political Actors Explain Media Influences on Political Processes and the Presentation of Politics, *Journalism Studies 20*(16), 2366–2385.

Birkner, T. (2012). *Das Selbstgespräch der Zeit. Die Geschichte des deutschen Journalismus in Deutschland 1605–1914.* Köln: Halem.

Birkner, T. (2013). Politiker und Publizist – Helmut Schmidt als Akteur und Kritiker von Medialisierung. *Studies in Communication | Media (SCM) 2*(1), 39–66.

Birkner, T. (2015). Mediatization of Politics. The Case of the Former German Chancellor Helmut Schmidt. *European Journal of Communication 30*(4), 454–469.

Birkner, T. (Hrsg.) (2016a). *Medienkanzler. Politische Kommunikation in der Kanzlerdemokratie.* Wiesbaden: Springer VS.

Birkner, T. (2016b). „Rambos, Machos und Killer" – Helmut Schmidt und das Fernsehen. In T. Birkner, M. Löblich, A. L. Tiews, H.-U. Wagner (Hrsg.), *Neue Vielfalt: Medienpluralität und -konkurrenz in historischer Perspektive* (S. 158–180), Köln: Halem.

Birkner, T. (2021). Mediatisierung und Medialisierung des Politischen als Rahmenbedingung der Unternehmenskommunikation. In P. Donges, U. Röttger & A. Zerfaß (Hrsg.), *Handbuch Public Affairs.* (S. 191–207). Wiesbaden: Springer Gabler.

Birkner, T. (2022). Interaktion von Medien- und Politiksystem. In I. Borucki, K. Kleinen-von-Königslöw, S. Marschall & T. Zerback (Hrsg.), *Handbuch Politische Kommunikation* (S. 95-109). Wiesbaden: Springer VS.

Birkner, T. & Krämer, B. (2016). Heads of Government and their Media Biographies: How the Media Socialization of German Chancellors Influenced their Strategies towards the Media. *International Journal of Communication, 10,* 2853–2871.

Birkner, T. & Krämer, B. (2017). Mediensozialisationstheorie und Medienbiografien funktionaler Eliten. In D. Hoffmann, F. Krotz & W. Reißmann (Hrsg.), *Mediatisierung und Mediensozialisation: Prozesse – Räume – Praktiken* (S. 174–193). Wiesbaden: Springer VS.

Birkner, T. & Mallek, S. (2020). The Spiegel-Affair 1962 – the incident that changed German journalism history and mediatized politics. In E. C. Tandoc Jr., J. Jenkins, R. Thomas & O. Westlund (Hrsg.), *Critical Incident in Journalism* (S. 203-215). Basingstoke: Palgrave Macmillan.

Birkner, T. & Nölleke, D. (2016). Soccer Players and their Media-related Behavior: A Contribution on the Mediatization of Sports. *Communication & Sport, 4*(4), 367–384.

Blöbaum, B., Scheu, A. M., Summ, A. & Volpers, A.-M. (2013). Medien, Fächer & Politik. Wie Medien forschungspolitische Entscheidungen in verschiedenen wissenschaftlichen Disziplinen beeinflussen. In E. Grande, D. Jansen, O. Jarren, A. Rip, U. Schimank & P. Weingart (Hrsg.). *Neue Governance der Wissenschaft. Reorganisation – externe Anforderungen – Medialisierung* (S. 289–309). Bielefeld: transcript.

Blumler, J. G. & Esser, F. (2019). Mediatization as a combination of push and pull forces: Examples during the 2015 UK general election campaign. *Journalism, 20*(7), 855–872.

Blumler, J. G. & Kavanagh, D. (1999). The third age of political communication. *Political Communication, 16*(3), 209–230.

Bolin, G. (2014). Institution, technology, world: relationships between the media, culture, and society. In K. Lundby (Hrsg.), *Mediatization of communication* (S. 175–197). Berlin/Boston: de Gruyter.

Borucki, I. (2014). *Regieren mit Medien: Auswirkungen der Medialisierung auf die Regierungskommunikation der Bundesregierung von 1982-2010.* Opladen: Budrich.

Bösch, F. & Frei, N. (Hrsg.) (2006). *Medialisierung der Demokratie im 20. Jahrhundert.* Göttingen: Wallstein.

Bourdieu, P. (1998). *Über das Fernsehen.* Frankfurt am Main: Suhrkamp.

7. Literatur

Brosius, H.-B. (2016). Warum Kommunikation im Internet öffentlich ist. Zu Andreas Hepps Beitrag „Kommunikations- und Medienwissenschaft in datengetriebenen Zeiten". *Publizistik, 61*(4), 363–372.

Brosius, H.-B. & Engel, D. (1997). „Die Medien beeinflussen vielleicht die anderen, aber mich doch nicht": Zu den Ursachen des Third-Person-Effekts. *Publizistik, 42*(3), 325–345.

Bruhn Jensen, K. (2013). Definite and Sensitizing Conceptualizations of Mediatization. *Communication Theory, 23*(3), 203–222.

Cohen, J., Tsfati, Y. & Sheafer, T. (2008). The Influence of Presumed Media Influence in Politics: Do Politicians' Perceptions of Media Power Matter? *Public Opinion Quarterly, 72*(2), 331–344.

Casero-Ripollés, A., Feenstra, R. A. & Tormey, S. (2016). Old and New Media Logics in an Electoral Campaign: The Case of Podemos and the Two-Way Street Mediatization of Politics. *International Journal of Press/Politics, 21*(3), 378–397.

Couldry, N. (2008). Mediatization or Mediation? Alternative Understandings of the Emergent Space of Digital Storytelling. *New Media & Society, 10*(3), 373–391.

Couldry, N. (2012). *Media, Society, World. Social Theory and Digital Media Practice*. Cambridge: Polity.

Couldry, N. (2013). Life Without Media: Or, Why Mediacentrism is Bad for You. In E. Comas, J. Cuenca & K. Zilles (Hrsg.), *Life without Media* (S. 27–42). New York: Peter Lang.

Couldry, N. & Hepp, A. (2013). Conceptualizing Mediatization: Contexts, Traditions, Arguments. *Communication Theory, 23*(3), 191–202.

Couldry, N. & Hepp, A. (2016). *The Mediated Construction of Reality*. Cambridge: Polity.

Cushion, S. & Thomas, R. (2013). The Mediatization of Politics. Interpreting the Value of Live versus Edited Journalistic Interventions in U.K. Television News Bulletins. *International Journal of Press/Politics, 18*(3), 360–380.

d'Andréa, C. & Stauff, M. (2022). Mediatized Engagements with Technologies: "Reviewing" the Video Assistant Referee at the 2018 World Cup. *Communication and Sport, 10*(5), 830–853.

Dahlgren, P. (1996). Media Logic in Cyberspace: Repositioning Journalism and its Publics. *Javnost/The Public, 3*, 59–72.

Daremas, G. & Terzis, G. (2000). Televisualization of Politics in Greece, *Gazette 62*, 117–31.

7. Literatur

Davison, W. P. (1983). The Third-Person Effect in Communication. *Public Opinion Quarterly*, 47(1), 1–15.

Deacon, D. & Stanyer, J. (2014). Mediatization: Key Concept or Conceptual Bandwagon? *Media, Culture & Society*, 36(5), 1032–1044.

Deacon, D. & Stanyer, J. (2015). 'Mediatization and' or 'Mediatization of'? A Response to Hepp et al. *Media, Culture & Society*, 37(3), 655–657.

Deuze, M. (2012). *Media Life*. Cambridge: Polity Press.

Dohle, M. (2017). *Third-Person-Effekt*. Baden-Baden: Nomos.

Dohle, M., Vowe, G. & Wodtke, C. (2009). 2 Millimeter Unterschied: Eine Inhaltsanalyse von Regeländerungen zur Überprüfung von Mediatisierungstendenzen im Sport, In D. Beck & S. Kolb (Hrsg.), *Sport & Medien. Aktuelle Befunde mit Blick auf die Schweiz* (S. 159–178). Zürich: Rüegger Verlag.

Donges, P. (2005). Medialisierung der Politik – Vorschlag einer Differenzierung. In P. Rössler & F. Krotz (Hrsg.), *Mythen der Mediengesellschaft – The Media Society and its Myths* (S. 321–339). Konstanz: UVK.

Donges, P. (2008). *Medialisierung politischer Organisationen. Parteien in der Mediengesellschaft*. Wiesbaden: Springer VS.

Donges, P. & Jarren, O. (2014). Mediatization of Political Organizations: Changing Parties and Interest Groups. In F. Esser & J. Strömbäck (Hrsg.), *Mediatization of politics: Understanding the transformation of western democracies* (S. 181–199). Basingstoke: Palgrave Macmillan.

Drerup, F. & Birkner, T. (2022). Themen & Timing. Die Krisenkommunikation der deutschen Landesregierungen in der Corona-Pandemie – eine (teil-)automatisierte Inhaltsanalyse zentraler Kommunikationskanäle. *Medien und Kommunikationswissenschaft*, 70(3), 256-285.

Dylla, D. W. (2008). Der Einfluss politischer Akteure auf die Politikberichterstattung. Selbstmedialisierung der Politik? In T. Jäger & H. Viehrig (Hrsg.), *Die amerikanische Regierung gegen die Weltöffentlichkeit? Theoretische und empirische Analysen der Public Diplomacy zum Irakkrieg* (S. 53–76). Wiesbaden: Springer VS.

Ehrlén, V. (2022). Mediatization and Self-Organized Leisure Sports: A Finnish Perspective. *Communication and Sport*, 10(5), 913–930.

Eichler, C. (2015). *7:1. Das Jahrhundertspiel*. München: Droemer.

Eilders, C. & Porten-Cheé, P. (2016). The Spiral of Silence Revisited. In G. Vowe & P. Henn (Hrsg.), *Political communication in the online world. Theoretical approaches and research designs*. (S. 88–102). New York: Routledge.

Elias, N. (1993). *Was ist Soziologie?* Weinheim: Juventa.

Engelmann, I. (2016). *Gatekeeping.* Baden-Baden: Nomos.

English, P. (2022). Sports Newsrooms Versus In-House Media: Cheerleading and Critical Reporting in News and Match Coverage. *Communication & Sport, 10*(5), 854–871.

Entradas, M., Bauer. M. W., O'Muircheartaigh, C., Marcinkowski, F., Okamura, A., et al. (2020) Public communication by research institutes compared across countries and sciences: Building capacity for engagement or competing for visibility?. *PLOS ONE, 15*(11): e0242950, 1–17.

Esser, F. (2013). Mediatization as a Challenge: Media Logic versus Political Logic. In: H. Kriesi, S. Lavenex, F. Esser, J. Matthes, M. Bühlmann & D. Bochsler (Hrsg.), *Democracy in the Age of Globalization and Mediatization* (S. 155–176). Basingstoke: Palgrave Macmillan.

Esser, F. & Matthes, J. (2013). Mediatization as a Challenge: Media Logic versus Political Logic. In H. Kriesi, S. Lavenex, F. Esser, J. Matthes, M. Bühlmann & D. Bochsler (Hrsg.), *Democracy in the Age of Globalization and Mediatization* (S. 155–176). Basingstoke: Palgrave Macmillan.

Esser, F. & Strömbäck, J. (Hrsg.) (2014). *Mediatization of politics: Understanding the transformation of western democracies.* Basingstoke: Palgrave Macmillan.

Fawzi, N. (2014a). *Machen Medien Politik? Medialisierung der Energiepolitik aus Sicht von politischen Akteuren und Journalisten.* Baden-Baden: Nomos.

Fawzi, N. (2014b). Chronisten, Agenda-Setter oder Politikmacher? Der Einfluss der Medien im politischen Prozess. *Zeitschrift für Politik, 61*(4), 437–460.

FIVB (2015). FIVB-Sport-Regulations_BVB_2015-UNIFORMS AND OFFICIAL.pdf

Flemming, F. & Marcinkowski, F. (2014) Das überschätzte Medium. Nutzung und Wirkung des Internet im Wahlkampf. In U. Dittler & M. Hoyer (Hrsg.), *Kommunikation mit digitalen Medien: Kundenkommunikation, Facebook-Biographien, digitale Meinungsbildung und virtuelle Gerüchte in Zeiten von Social Media* (S. 259-281). München: kopaed.

Flemming, F., Lünich, M., Marcinkowski, F. & Starke, C. (2016). Coping with dilemma. How German sport media users respond to sport mega events in autocratic countries. *International Review for the Sociology of Sport, 52*(8), 1008–1024.

Frandsen, K. (2014). Mediatization of sports. In K. Lundby (Hrsg.), *Mediatization of communication* (S. 525–543). Berlin/Boston: de Gruyter.

Frandsen, K. (2020). *Sport and mediatization*. New York: Routledge.

Frandsen, K. & Landgrebe, K. (2022). Video Assistant Referee in a Small-Nation Context: Intensified Mediatization. *Communication and Sport, 10*(5), 811–829. https://doi.org/10.1177/21674795221090425

Friedrich, K., Keyling, T. & Brosius, H.-B. (2016). Gatekeeping Revisited. In G. Vowe & P. Henn (Hrsg.), *Political communication in the online world. Theoretical approaches and research designs.* (S. 59–72). New York: Routledge.

Garncarz, J. (2016). *Medienwandel*. Konstanz: UVK.

Giddens, A. (1984). *The Constitution of Society*. Berkeley: University of California Press.

Grande, E., Jansen, D., Jarren, O., Schimank, U. & Weingart, P. (2013). Die neue Governance der Wissenschaft. Zur Einleitung. In E. Grande, D. Jansen, O. Jarren, A. Rip, U. Schimank & P. Weingart (Hrsg.). *Neue Governance der Wissenschaft. Reorganisation – externe Anforderungen – Medialisierung* (S. 15–45). Bielefeld: transcript.

Grenz, T. & Pfadenhauer, M. (2017). Kulturen im Wandel: Zur nonlinearen Brüchigkeit von Mediatisierungsprozessen. In F. Krotz, C. Despotović & M.-M. Kruse (Hrsg.), *Mediatisierung als Metaprozess. Transformationen, Formen der Entwicklung und die Generierung von Neuem* (S. 187–210). Wiesbaden: Springer VS.

Grimmer, C. G. (2017). *Der Einsatz Sozialer Medien im Sport Gestaltung, Vermarktung, Monetisierung*. Wiesbaden: Springer VS.

7. Literatur

Grimmer, C. G. & Horky, T. (2018). Sportkommunikation bei Facebook und Twitter. In T. Horky, H. J. Stiehler, & T. Schierl (Hrsg.), *Die Digitalisierung des Sports in den Medien* (S. 17–41). Köln: Halem.

Gunther, A. C. & Storey, J. D. (2003). The Influence of Presumed Influence. *Journal of Communication*, 53(2), 199–215.

Habermas, J. (1981). *Theorie des kommunikativen Handelns. Band 2: Zur Kritik der funktionalistischen Vernunft*. Frankfurt am Main: Suhrkamp.

Habermas, J. (2022). *Ein neuer Strukturwandel der Öffentlichkeit und die deliberative Politik*. Berlin: Suhrkamp.

Hartmann, M. (2013). *Domestizierung*. Baden-Baden: Nomos.

Hasebrink, U. (2017). Onlinenutzung von Kindern und Jugendlichen im gesellschaftlichen, medialen und individuellen Wandel. In D. Hoffmann, F. Krotz & W. Reißmann (Hrsg.), *Mediatisierung und Mediensozialisation: Prozesse – Räume – Praktiken* (S. 119–136). Wiesbaden: Springer VS.

Hasebrink, U. & Domeyer, H. (2010). Zum Wandel von Informationsrepertoires in konvergierenden Medienumgebungen. In M. Hartmann & A. Hepp (Hrsg.), *Die Mediatisierung des Alltag* (S. 49–64), Wiesbaden: Springer VS.

Hasebrink, U. & Hepp, A. (2017). How to research cross-media practices? Investigating media repertoires and media ensembles. *Convergence: The International Journal of Research into New Media Technologies*, 23(4), 362–377.

Haßler, J. (2017). *Mediatisierung der Klimapolitik. Eine vergleichende Input-Output-Analyse zur Übernahme der Medienlogik durch die Politik*. Wiesbaden: Springer VS.

Heine, H. (2005). *Sämtliche Schriften*. Herausgegeben von Klaus Briegleb, Band 5. München: dtv.

Heinecke, S. (2014). *Fit fürs Fernsehen? Die Medialisierung des Spitzensports als Kampf um Gold und Sendezeit*. Köln: Herbert von Halem Verlag.

Helland, K. (2007). Changing Sports, Changing Media. Mass Appeal, the Sports/Media Complex and TV Sports Rights. *Nordicom Review*, Jubilee Issue 2007, 105–119.

Hepp, A. (2011). Netzwerke, Kultur und Medientechnologie: Möglichkeiten einer kontextualisierten Netzkulturforschung. In: M. Hartmann & J. Wimmer (Hrsg.), *Digitale Medientechnologien* (S. 53–74). Wiesbaden: Springer VS.

7. Literatur

Hepp, A. (2012). Mediatization and the 'Molding Force' of the Media. *Communications*, 37(1), 1–28.

Hepp, A. (2013a). *Medienkultur – Die Kultur mediatisierter Welten*. 2., erweiterte Auflage. Wiesbaden: Springer VS.

Hepp, A. (2013b). Mediatisierung als Kultur: Mediatisierungsgeschichte und der Wandel der kommunikativen Figurationen mediatisierter Welten. In A. Hepp & A. Lehmann-Wermser (Hrsg.), *Transformationen des Kulturellen* (S. 179–199). Wiesbaden: Springer VS.

Hepp, A. (2013c). The communicative figurations of mediatized worlds: Mediatization research in times of the ‚mediation of everything'. *European Journal of Communication*, 28(6), 615–629.

Hepp, A. (2015). Kommunikative Figurationen: Zur Beschreibung der Transformation mediatisierter Gesellschaften und Kulturen. In S. Kinnebrock, C. Schwarzenegger & T. Birkner (Hrsg.), *Theorien des Medienwandels* (S. 161–188). Köln: Halem.

Hepp, A. (2016a). Qualitative Netzwerkanalyse in der Kommunikationswissenschaft. In S. Averbeck-Lietz & M. Meyen (Hrsg.), *Handbuch nicht standardisierte Methoden in der Kommunikationswissenschaft* (S. 347–367). Wiesbaden: Springer VS.

Hepp, A. (2016b). Kommunikations- und Medienwissenschaft in datengetriebenen Zeiten. *Publizistik*, 61(3), 225–246.

Hepp, A. (2016c). Pioneer Communities: Collective Actors in Deep Mediatisation. *Media Culture Society*, 38(6), 918–933.

Hepp, A. (2020). *Deep Mediatization*. London: Routledge.

Hepp, A. (2021). *Auf dem Weg zur digitalen Gesellschaft – Über die tiefgreifende Mediatisierung der sozialen Welt*. Köln: Halem.

Hepp, A., Berg, M. & Roitsch, C. (2012). Die Mediatisierung subjektiver Vergemeinschaftungshorizonte: Zur kommunikativen Vernetzung und medien- vermittelten Gemeinschaftsbildung junger Menschen. In F. Krotz & A. Hepp (Hrsg.), *Mediatisierte Welten: Beschreibungsansätze und Forschungsfelder* (S. 7–23). Wiesbaden: Springer VS.

Hepp, A., Berg, M. & Roitsch, C. (2014). *Mediatisierte Welten der Vergemeinschaftung. Kommunikative Vernetzung und das Gemeinschaftsleben junger Menschen*. Wiesbaden: Springer VS.

Hepp, A., Berg, M. & Roitsch, C. (2015). Mediengeneration als Prozess: Die mediengenerationelle Selbstpositionierung älterer Menschen. *Medien & Altern*, 2015(6), 9–33.

7. Literatur

Hepp, A., Berg, M. & Roitsch, C. (2017). Mediengeneration als Prozess: Zur Mediatisierung der Vergemeinschaftungshorizonte von jüngeren, mittelalten und älteren Menschen. In F. Krotz, C. Despotović, M.-M. Kruse (Hrsg.), *Mediatisierung als Metaprozess. Transformationen, Formen der Entwicklung und die Generierung von Neuem* (S. 81–111). Wiesbaden: Springer VS.

Hepp, A., Bozdag, C. & Suna, L. (2011). *Mediale Migranten. Mediatisierung und die kommunikative Vernetzung der Diaspora*. Wiesbaden: Springer VS.

Hepp, A., Breiter, A. & Hasebrink, U. (Hrsg.) (2017). *Communicative Figurations: Transforming Communications in Times of Deep Mediatization*. London: Palgrave Macmillan.

Hepp, A. & Hartmann, M. (2010). Mediatisierung als Metaprozess: Der analytische Zugang von Friedrich Krotz zur Mediatisierung der Alltagswelt. In M. Hartmann & A. Hepp (Hrsg.), *Die Mediatisierung der Alltagswelt* (S. 9–20). Wiesbaden: Springer VS.

Hepp, A. & Hasebrink, U. (2014a). Human Interaction and Communicative Figurations. The Transformation of Mediatized Cultures and Societies. In K. Lundby (Hrsg.), *Mediatization of Communication* (S. 249–272). Berlin: de Gruyter.

Hepp, A. & Hasebrink, U. (2014b). Kommunikative Figurationen – ein Ansatz zur Analyse der Transformation mediatisierter Gesellschaften und Kulturen. In N. Jackob, O. Quiring & B. Stark (Hrsg.), *Von der Gutenberg-Galaxis zur Google-Galaxis. Alte und neue Grenzvermessungen* (S. 249–272). Berlin: de Gruyter.

Hepp, A. & Hasebrink, U. (2017). Researching Transforming Communications in Times of Deep Mediatization: A Figurational Approach. In A. Hepp, A. Breiter & U. Hasebrink (Hrsg.), *Communicative Figurations: Transforming Communications in Times of Deep Mediatization* (S. 15–48). London: Palgrave Macmillan.

Hepp, A., Hjarvard, S. & Lundby, K. (2015). Mediatization: Theorizing the Interplay Between Media, Culture and Society. *Media, Culture & Society, 37*(2), 314–324.

Hepp, A. & Krotz, F. (2012). Mediatisierte Welten: Forschungsfelder und Beschreibungsansätze – Zur Einleitung. In F. Krotz & A. Hepp (Hrsg.), *Mediatisierte Welten: Beschreibungsansätze und Forschungsfelder* (S. 227–256). Wiesbaden: Springer VS.

Hepp, A. & Krotz, F. (Hrsg.) (2014). *Mediatized Worlds: Culture and Society in a Media Age*. London: Palgrave.

Hepp, A. & Loosen, W. (2019). Pioneer journalism: Conceptualizing the role of pioneer journalists and pioneer communities in the organizational re-figuration of journalism. *Journalism, 23*(3), 577–842.

Hepp, A. & Röser, J. (2014). Beharrung in Mediatisierungsprozessen: Das mediatisierte Zuhause und die mediatisierte Vergemeinschaftung. In F. Krotz, C. Despotović & M. Kruse (Hrsg.), *Die Mediatisierung sozialer Welten. Synergien empirischer Forschung* (S. 165–188). Wiesbaden: Springer VS.

Hickethier, K. (2003). Gibt es ein medientechnisches Apriori? Technikdeterminismus und Medienkonfiguration in historischen Prozessen. In M. Behmer, F. Krotz, R. Stöber & C. Winter (Hrsg.), *Medienentwicklung und gesellschaftlicher Wandel* (S. 39–52). Wiesbaden: Westdeutscher Verlag.

Hitzler, R. & Möll, G. (2012). Eingespielte Transzendenzen. Zur Mediatisierung des Welterlebens am Beispiel des Pokerns. In F. Krotz & A. Hepp (Hrsg.), *Mediatisierte Welten: Beschreibungsansätze und Forschungsfelder* (S. 257–280). Wiesbaden: Springer VS.

Hjarvard, S. (2008). The Mediatization of Society. A Theory of the Media as Agents of Social and Cultural Change. *Nordicom Review, 29*(2), 105–134.

Hjarvard S. (2012). Doing the Right Thing. Media and Communication Studies in a Mediatized World. *Nordicom Review, 34*(2), 27–34.

Hjarvard, S. (2013). *The Mediatization of Culture and Society*. Abingdon: Routledge.

Hjarvard, S. (2014). From Mediation to Mediatization: The Institutionalization of New Media. In A. Hepp & F. Krotz (Hrsg.), *Mediatized Worlds: Culture and Society in a Media Age* (S. 123–139). London: Palgrave.

Hoffmann, D., Krotz, F. & Reißmann, W. (Hrsg.) (2017). *Mediatisierung und Mediensozialisation: Prozesse – Räume – Praktiken*. Wiesbaden: Springer VS.

Hoffmann-Riem, W. (2000). Politiker in den Fesseln der Mediengesellschaft. *Politische Vierteljahresschrift, 41*(1), 107–127.

Huck, I. & Brosius, H.-B. (2007). Der Third-Person-Effekt – Über den vermuteten Einfluss der Massenmedien. *Publizistik, 52*(3), 355–374.

Hull, K. (2014). A hole in one (hundred forty characters): A case study examining PGA tour golfers' Twitter use during the Masters. *International Journal of Sport Communication*, 7(2), 245–260.

Imhof, K. (2006): Mediengesellschaft und Medialisierung. *Medien & Kommunikationswissenschaft*, 54(2), 191–215.

Jhally, S. (1989). Cultural Studies and the Sports/Media Complex. In L. A. Wenner (Hrsg.), *Media, Sports & Society* (S. 70–93). Newbury Park: Sage.

Jost, P. (2022). How politicians adapt to new media logic. A longitudinal perspective on accommodation to user-engagement on facebook. *Journal of Information Technology & Politics*, 1–14. Published online before print: https://doi.org/10.1080/19331681.2022.2076271

Jungherr, A. (2017). Das Internet in der politischen Kommunikation: Forschungsstand und Perspektiven. *Politische Vierteljahresschrift*, 58(2), 284–315.

Kammer, A. (2013). The mediatization of journalism. *Medie Kultur* 29(54), 141–158.

Karidi, M. (2016). Wie medienpolitische Entscheidungen die Nachrichten verändern: Eine Meta-Analyse zum Wandel des Massenmediensystems in Deutschland (1984 – 2014). In T. Birkner, M. Löblich, A. L. Tiews, & H.-U. Wagner (Hrsg.), *Neue Vielfalt: Medienpluralität und -konkurrenz in historischer Perspektive* (S. 281-311). Köln: Halem.

Karidi, M. (2017). *Medienlogik im Wandel. Die deutsche Berichterstattung 1984 und 2014 im Vergleich*. Wiesbaden: Springer VS.

Karnowski, V. (2017). *Diffusionstheorien*. Baden-Baden: Nomos.

Kepplinger, H. M. (1998). *Die Demontage der Politik in der Informationsgesellschaft*. Freiburg im Breisgau: Karl Alber.

Kepplinger, H. M. (1999). Die Mediatisierung der Politik. In J. Wilke (Hrsg.), *Massenmedien und Zeitgeschichte* (S. 55–63). Konstanz: UVK Medien.

Kepplinger, H. M. (2002). Mediatization of Politics. Theory and Data. *Journal of Communication*, 52(4), 972–986.

Kepplinger, H. M. (2005). Anpassungszwang und Unterwerfungsbereitschaft. Anmerkungen zur Mediatisierung der Politik. *Forschung & Lehre*, 7, 350–351.

Kepplinger, H. M. (2007a). Kleine Anfragen: Funktionale Analyse einer parlamentarischen Praxis. In W. J. Patzelt, M. Sebaldt & U. Kranenpohl (Hrsg.), *Res publica semper reformanda. Wissenschaft und politische Bildung im Dienste des Gemeinwohls. Festschrift für Heinrich Oberreuter* (S. 304–319). Wiesbaden: VS Verlag für Sozialwissenschaften.

Kepplinger, H. M. (2007b). Reciprocal Effects: Toward a Theory of Mass Media Effects on Decision Makers. *The Harvard International Journal of Press/Politics, 12*(3), 3–23.

Kepplinger, H. M. (2008). Was unterscheidet die Mediatisierungsforschung von der Medienwirkungsforschung. *Publizistik, 53*(3), 326–338.

Kepplinger, H. M. (2010). *Medieneffekte*. Springer VS.

Kepplinger, H. M. & Maurer, M. (2005). *Abschied vom rationalen Wähler. Warum Wahlen im Fernsehen entschieden werden*. Freiburg im Breisgau: Karl Alber.

Kepplinger, H. M. & Glaab, S. (2007). Reciprocal Effects of Negative Press Reports. *European Journal of Communication, 22*(3), 337–354.

Kepplinger, H. M. & Zerback, T. (2009). Der Einfluss der Medien auf Richter und Staatsanwälte. Art, Ausmaß und Entstehung reziproker Effekte. *Publizistik, 54*(2), 216–239.

Kinnebrock, S., Schwarzenegger, C. & Birkner, T. (2015). Theorien des Medienwandels – Konturen eines emergierenden Forschungsfeldes? In S. Kinnebrock, C. Schwarzenegger & T. Birkner (Hrsg.), *Theorien des Medienwandels* (S. 11–28). Köln: Halem.

Klinger, U. & Russmann, U. (2017) "Beer is more efficient than social media"—Political parties and strategic communication in Austrian and Swiss national elections. *Journal of Information Technology & Politics, 14*(4), 299-313.

Klinger, U. & Svensson, J. (2015). The emergence of network media logic in political communication: A theoretical approach. *New Media & Society, 17*(8), 1241-1257.

Knoche, M. (2001). Kapitalisierung und Medienindustrie aus politökonomischer Perspektive. *Medien und Kommunikationswissenschaft, 49*(2), 177–194.

Krotz, F. (2001). *Die Mediatisierung kommunikativen Handelns. Der Wandel von Alltag und sozialen Beziehungen, Kultur und Gesellschaft durch die Medien*. Opladen: Westdeutscher Verlag.

Krotz, F. (2005). *Neue Theorien entwickeln. Eine Einführung in die Grounded Theory, die Heuristische Sozialforschung und die Ethnographie anhand von Beispielen aus der Kommunikationsforschung*. Köln: Halem.

Krotz, F. (2007a). *Mediatisierung. Fallstudien zum Wandel von Kommunikation*. Wiesbaden: VS Verlag für Sozialwissenschaften.

Krotz, F. (2007b). The meta-process of 'mediatization' as a conceptual frame. *Global Media and Communication*, 3(3), 256–260.

Krotz, F. (2008). M wie Mediatisierung. *Aviso*, 47(2), 13.

Krotz, F. (2009). Mediatization: A Concept With Which to Grasp Media and Societal Change. In K. Lundby (Hrsg.), *Mediatization. Concepts, Changes, Consequences* (S. 205–223). New York: Peter Lang.

Krotz, F. (2010). Kommunikations- und Medienwissenschaft unter den Bedingungen von Medienkultur. In A. Hepp, M. Höhn & J. Wimmer (Hrsg.), *Medienkultur im Wandel* (S. 93–105). Konstanz: UVK.

Krotz, F. (2012). Von der Entdeckung der Zentralperspektive zur Augmented Reality. In F. Krotz & A. Hepp (Hrsg.), *Mediatisierte Welten* (S. 27–58). Wiesbaden: Springer VS.

Krotz, F. (2014). Einleitung: Projektübergreifende Konzepte und theoretische Bezüge der Untersuchung mediatisierter Welten. In F. Krotz, C. Despotović & M.-M. Kruse (Hrsg.). *Die Mediatisierung sozialer Welten. Synergien empirischer Forschung* (S. 7–32). Wiesbaden: Springer VS.

Krotz, F. (2015a). Mediatisierung. In A. Hepp, F. Krotz, S. Lingenberg & J. Wimmer (Hrsg.), *Handbuch Cultural Studies und Medienanalyse* (S. 439–451). Wiesbaden: Springer VS.

Krotz, F. (2015b). Medienwandel in der Perspektive der Mediatisierungsforschung: Annäherung an ein Konzept. In S. Kinnebrock, C. Schwarzenegger & T. Birkner (Hrsg.), *Theorien des Medienwandels* (S. 119–140). Köln: Halem.

Krotz, F. (2015c). Mediatisierung und die wachsende Bedeutung visueller Kultur: Zur Bedeutung zweier kommunikationswissenschaftlicher Metaprozesse. In K. Lobinger & S. Geise (Hrsg.), *Visualisierung und Mediatisierung. Bildliche Kommunikation und bildliches Handeln in mediatisierten Gesellschaften* (S. 18–36). Köln: Halem.

Krotz, F. (2017). Pfade der Mediatisierung: Bedingungsgeflechte für die Transformationen von Medien, Alltag, Kultur und Gesellschaft. In F. Krotz, C. Despotović & M.-M. Kruse (Hrsg.), *Mediatisierung als Metaprozess. Transformationen, Formen der Entwicklung und die Generierung von Neuem* (347–364). Wiesbaden: Springer VS.

Krotz, F., Despotović, C. & Kruse, M.-M. (Hrsg.) (2014). *Die Mediatisierung sozialer Welten. Synergien empirischer Forschung.* Wiesbaden: Springer VS.

Krotz, F., Despotović, C. & Kruse, M.-M. (Hrsg.) (2017). *Mediatisierung als Metaprozess. Transformationen, Formen der Entwicklung und die Generierung von Neuem.* Wiesbaden: Springer VS.

Krotz, F. & Hepp, A. (Hrsg.) (2012). *Mediatisierte Welten: Beschreibungsansätze und Forschungsfelder.* Wiesbaden: Springer VS.

Krotz, F. & Hepp, A. (2013). A concretization of mediatization: How mediatization works and why 'mediatized worlds' are a helpful concept for empirical mediatization research. *Empedocles. European Journal for the Philosophy of Communication*, 3(2), 119–134.

Kunelius, R. (2014). Climate change challenges: An agenda for decentered mediatization Research. In K. Lundby (Hrsg.), *Mediatization of Communication* (S. 63–86). Berlin/Boston: de Gruyter.

Kunelius, R. & Reunanen, E. (2016). Changing Power of Journalism: The Two Phases of Mediatization. *Communication Theory*, 26(4), 369–388.

Küpper, L., Kossing, G. & Birkner, T. (2022). "On the tour, they're always sticking a microphone in your face": Mediatization of Professional Tennis From the 1980s to the Early 2010s. *Communication and Sport*, 10(5), 872–890.

Lahm, P. (2016, 14. Juni). Die Identität der Vereine darf keinesfalls verkauft werden. *XING Klartext*. https://www.xing.com/news/klartext/die-identitat-der-vereine-darf-keinesfalls-verkauft-werden-814.

Landerer, N. (2013). Rethinking the Logics: A Conceptual Framework for the Mediatization of Politics. *Communication Theory*, 23(3), 239–258.

Livingstone, S. M. (2009). On the Mediation of Everything. *Journal of Communication*, 59(1), 1–18.

Livingstone, S. M. & Lunt, P. (2014). Mediatization: An Emerging Paradigm for Media and Communication Reseach? In K. Lundby (Hrsg.), *Mediatization of Communication* (S. 703–724). Berlin/Boston: de Gruyter.

Livingstone, S. M. (2016). No more Worries. *Aviso, 60*(1), 7–8.

Lobinger, K. & Geise, S. (Hrsg.) (2015). *Visualisierung und Mediatisierung. Bildliche Kommunikation und bildliches Handeln in mediatisierten Gesellschaften.* Köln: Halem.

Luhmann, N. (1995). *Social Systems.* Stanford: Stanford University Press.

Lundby, K. (2009). Media Logic: Looking for Social Interaction. In K. Lundby (Hrsg.), *Mediatization: Concept, changes, consequences* (S. 101–119). New York: Peter Lang.

Lundby, K. (Hrsg.) (2014). *Mediatization of Communication.* Berlin/Boston: de Gruyter.

Lunt, P. & Livingstone, S. M. (2016). Is 'Mediatization' the New Paradigm for our Field? A Commentary on Deacon and Stanyer (2014, 2015) and Hepp, Hjarvard and Lundby (2015). *Media, Culture & Society, 38*(3), 462–470.

Lüthje, C. (2012). Mediatisierte Wissenschaft: eine theoretische Konzeption tiefgreifender Transformationsprozesse. In. C. Robertson-von Trotha & J. Munoz Morcillo (Hrsg.), *Öffentliche Wissenschaft und Neue Medien. Die Rolle der Web 2.0-Kultur in der Wissenschaftsvermittlung* (S. 113–126). Karlsruhe: KIT Scientific Publishing Verlag.

Lüthje, C. (2014). Medienwandel und Wissenschaft: Feldspezifische Mediatisierung. In M. Löw (Hrsg.), *Vielfalt und Zusammenhalt. Verhandlungen des 36. Kongresses der Deutschen Gesellschaft für Soziologie in Bochum und Dortmund 2012.* Frankfurt am Main: Campus, CD-ROM.

Lüthje, C. (2017). Interne informelle Wissenschaftskommunikation. In H. Bonfadelli, B. Fähnrich, C. Lüthje, J. Milde, M. Rhomberg & M. S. Schäfer (Hrsg.), *Forschungsfeld Wissenschaftskommunikation* (S. 109–124). Wiesbaden: Springer VS.

Magin, M., Podschuweit, N., Haßler, J. & Russmann, U. (2017). Campaigning in the fourth age of political communication. A multi-method study on the use of Facebook by German and Austrian parties in the 2013 national election campaigns. *Information, Communication & Society, 20*(11), 1698–1719.

Maier, M., Stengel, K. & Marschall, J. (2010). *Nachrichtenwerttheorie*. Baden-Baden: Nomos.

Malik, M. (2004). *Journalismusjournalismus*. Wiesbaden: VS.

Mannheim, K. (1964 [1928]). Das Problem der Generationen. In K. Mannheim (Hrsg.), *Wissenssoziologie. Soziologische Texte 28* (S. 509–565). Berlin: Luchterhand.

Marcinkowski, F. (1993). *Publizistik als autopoietisches System: Politik und Massenmedien. Eine systemtheoretische Analyse*. Opladen: Westdeutscher Verlag.

Marcinkowski, F. (2014). Mediatisation of Politics: Reflections on the State of the Concept. *Javnost – The Public, 21*(2), 5–22.

Marcinkowski, F. (2015). Die „Medialisierung" der Politik. Veränderte Bedingungen politischer Interessensvermittlung. In R. Speth & A. Zimmer (Hrsg.), *Lobby-Work. Interessenvertretung in der Medien- und Wissensgesellschaft* (S. 70–95). Wiesbaden: Springer VS.

Marcinkowski, F. (2022). Systemtheorie und politische Kommunikation. In I. Borucki, K. Kleinen-von-Königslöw, S. Marschall, & T. Zerback (Hrsg.) Handbuch Politische Kommunikation (S. 61–75). Wiesbaden: Springer VS.

Marcinkowski, F., Kohring, M., Friedrichsmeier, A. & Fürst, S. (2013). Neue Governance und die Öffentlichkeit der Hochschulen. In In E. Grande, D. Jansen, O. Jarren, A. Rip, U. Schimank & P. Weingart (Hrsg.), *Neue Governance der Wissenschaft. Reorganisation – externe Anforderungen – Medialisierung* (S. 257–288). Bielefeld: transcript.

Marcinkowski, F., Kohring, M., Fürst, S. & Friedrichsmeier, A. (2014). Organizational Influence on Scientists' Efforts to Go Public: an Empirical Investigation. *Science Communication, 36*(1), 56–80.

Marcinkowski, F., Kohring, M., Linder, C. & Karis, S. (2013). Media Orientation of University Decision Makers and the Executive Influence of Public Relations. *Public Relations Review, 39*(3), 171–177.

Marcinkowski, F. & Pfetsch, B. (Hrsg.) (2009). *Politik in der Mediendemokratie*. Wiesbaden: VS.

Marcinkowski, F. & Steiner, A. (2010). Was heißt Medialisierung? Autonomiebeschränkung oder Ermöglichung von Politik durch Massenmedien? In K. Arnold, C. Classen, S. Kinnebrock, E. Lersch & H.-U. Wagner (Hrsg.), *Von der Politisierung der Medien zur Medialisierung des Politischen? Zum Verhältnis von Medien, Öffentlichkeiten und Politik im 20. Jahrhundert* (S. 51–76). Leipzig: Leipziger Universitätsverlag.

Marcinkowski, F. & Steiner, A. (2014). Mediatization and political autonomy: A systems approach. In F. Esser & J. Strömbäck (Hrsg.), *Mediatization of politics: Understanding the transformation of western democracies* (S. 74–89). Basingstoke: Palgrave Macmillan.

Marschall, S. (2009). Medialisierung komplexer politischer Akteure – Indikatoren und Hypothesen am Beispiel von Parlamenten. In F. Marcinkowski & B. Pfetsch (Hrsg.), *Politik in der Mediendemokratie* (S. 205–223). Wiesbaden: VS.

Martín-Barbero, J. (1987). *De los medios a las mediaciones*. Mexico: Gustavo Gili.

Matthes, J. (2022). *Framing*. Baden-Baden: Nomos.

Mattoni, A. & Treré, E. (2014). Media practices, mediation processes, and mediatization in the study of social movements. *Communication Theory, 24*(3), 252–271.

Maurer, M. (2004). Das Paradoxon der Medienwirkungsforschung. Verändern Massenmedien die Bevölkerungsmeinung, ohne Einzelne zu beeinflussen? *Publizistik, 49*(4), 405–422.

Maurer, M. (2017). *Agenda Setting*. Baden-Baden: Nomos.

Mazzoleni, G. (1987). Media Logic and Party Logic in Campaign Coverage: The Italian General Election of 1983. *European Journal of Communication, 2*, 81–103.

Mazzoleni, G. (2008). Mediatization of politics. In W. Donsbach (Hrsg.), *The international encyclopedia of communication* (S. 2931–2933). Malden, MA: Blackwell.

Mazzoleni, G. (2017). Changes in Contemporary Communication Ecosystems Ask for a 'New Look' at the Concept of Mediatisation. *Javnost - The Public 24*(2), 136–145.

Mazzoleni, G. & Schulz, W. (1999). „Mediatization" of Politics: A Challenge for Democracy?. *Political Communication, 16*(3), 247–261.

McLuhan, M. (1992). *Die magischen Kanäle*. Düsseldorf: Econ.

Meier, W. A. & Jarren, O. (2001). Ökonomisierung und Kommerzialisierung von Medien und Mediensystem. Einleitende Bemerkungen zu einer (notwendigen) Debatte. *Medien & Kommunikationswissenschaft, 49*(2), 145–158.

Merrin, W. (2022). Bemusing Ourselves to Death: Public Discourse in the Age of Social Media. *Studia Humanistyczne AGH, 21*(2), 17–29.

Metag, J., & Schäfer, M. S. (2017) Hochschulen zwischen Social Media-Spezialisten und Online-Verweigerern. Eine Analyse der Online-Kommunikation promotionsberechtigter Hochschulen in Deutschland, Österreich und der Schweiz. *Stud Commun Media, 6*(2),160–195.

Meyen, M. (1996). *Leipzigs bürgerliche Presse in der Weimarer Republik. Wechselbeziehungen zwischen gesellschaftlichem Wandel und Presseentwicklung.* Leipzig: GNN-Verlag.

Meyen, M. (2009). Medialisierung. *Medien und Kommunikationswissenschaft, 57*(1), 23–38.

Meyen, M. (2012). International Communication Association Fellows: A Collective Biography. *International Journal of Communication, 6*, 2378–2396.

Meyen, M. (2014). Medialisierung des deutschen Spitzenfußballs: Eine Fallstudie zur Anpassung von sozialen Funktionssystemen an die Handlungslogik der Massenmedien. *Medien & Kommunikationswissenschaft, 62*(3), 377–394.

Meyen, M. (2018). Breaking News: *Die Welt im Ausnahmezustand. Wie uns die Medien re-gieren.* Frankfurt am Main: Westend.

Meyen, M., Thieroff, M. & Strenger, S. (2014). Mass Media Logic and the Mediatization of Politics. *Journalism Studies, 15*(3), 271–288.

Meyen, M., Strenger, S. & Thieroff, M. (2015). Medialisierung als langfristige Medienwirkungen zweiter Ordnung. In S. Kinnebrock, C. Schwarzenegger & T. Birkner (Hrsg.), *Theorien des Medienwandels* (S. 141–160). Köln: Halem.

Meyer, T. (2001). *Mediokratie. Die Kolonialisierung der Politik durch die Medien.* Frankfurt am Main: Suhrkamp.

Meyrowitz, J. (1985). *No Sense of Place: The Impact of Electronic Media on Social Behavior.* Oxford: Oxford University Press.

Meyrowitz, J. (1987). *Die Fernsehgesellschaft. Wirklichkeit und Identität im Medienzeitalter.* Weinheim, Basel: Beltz.

Michelsen, M. & Krogh, M. (2016). Music, Radio and Mediatization. *Media Culture Society, 39*(4), 520–535.

Mirbach, A. von & Meyen, M. (2021). *Das Elend der Medien – schlechte Zeiten für den Journalismus.* Köln: Halem.

Müller, K. F. & Röser, J. (2017). Wie Paare Second Screen beim Fernsehen nutzen: Eine ethnografische Studie zur Mediatisierung des Zuhauses. In U. Göttlich, M. R. Herbers & L. Heinz (Hrsg.), *Ko-Orientierung in der Medienrezeption: Praktiken der Second-Screen Nutzung* (S. 137–155). Wiesbaden: Springer VS.

Müller, P. (2016). *Die Wahrnehmung des Medienwandels. Eine Exploration ihrer Dimensionen, Entstehungsbedingungen und Folgen.* Wiesbaden: Springer VS.

Münkel, D. (2006). Politik als Unterhaltung? Zur Wahlkampfkultur in der Bundesrepublik seit den sechziger Jahren. In C. Zimmermann (Hrsg.), *Politischer Journalismus, Öffentlichkeiten und Medien im 19. und 20. Jahrhundert* (S. 213–227). Ostfildern: Jan Thorbecke Verlag.

Naab, T. K. (2013). *Gewohnheiten und Rituale der Fernsehnutzung. Theoretische Konzeption und methodische Perspektiven.* Baden-Baden: Nomos.

Neuberger, C. (2023). Journalismus und Medialisierung der Gesellschaft. In: K. Meier & C. Neuberger (Hrsg.), *Journalismusforschung: Stand und Perspektiven* (S. 337–372). Baden-Baden: Nomos.

Niemand, S. (2020). *Alltagsumbrüche und Medienhandeln. Eine qualitative Panelstudie zum Wandel der Mediennutzung in Übergangsphasen.* Wiesbaden: VS Verlag für Sozialwissenschaften.

Niemand, S. (2021a). Mediatisierte Lebensführung und ihr Wandel durch Alltagsumbrüche. Zur Relevanz von Übergangsphasen in der Rezeptionsforschung. *Medien und Kommunikationswissenschaft, 69*(4), 505–527.

Niemand, S. (2021b). Elternschaft und Dynamik im Medienrepertoire. Wie und warum junge Eltern nach der Geburt eines Kindes ihre Mediennutzung anpassen. *merz medien + erziehung, 65*(3), 79–85.

Nölleke, D. (2018). Der Einfluss von Social Media auf Sportjournalisten In T. Horky, H. J. Stiehler, & T. Schierl (Hrsg.), *Die Digitalisierung des Sports in den Medien* (S. 181–207). Köln: Halem.

Nölleke, D., Grimmer, C. G. & Horky, T. (2017). News sources and follow-up communication: Facets of complementarity between sports journalism and social media. *Journalism Practice, 11*(4), 509–526.

Nölleke, D. & Birkner, T. (2019) Bypassing traditional sports media? Why and how professional volleyball players use social networking sites. *Studies in Communication and Media, 8*(3), S. 287–310.

Nölleke, D. & Scheu, A. M. (2018). Perceived media logic: A point of reference for mediatization. In C. Thimm, M. Anastasiadis, & J. Einspänner-Pflock (Hrsg.), *Media logic(s) revisited. Modelling the interplay between media institutions, media technology and societal change* (S. 195–216). Cham: Palgrave Macmillan.

Nölleke, D., Scheu, A. & Birkner, T. (2021). The other side of mediatization: Expanding the concept of mediatization towards defensive adaptations to news media. *Communication Theory, 31*(4), 737–757.

Oberreuter, H. (1982). *Übermacht der Medien. Erstickt die demokratische Kommunikation?* Zürich: Edition Interfrom.

Palfrey, J. & Gasser, U. (2008). *Generation Internet. Die Digital Natives: Wie sie leben, Was sie denken, Wie sie arbeiten*. München: Hanser.

Paus-Hasebrink, I. (2017). Praxeologische (Medien)Sozialisationsforschung. In D. Hoffmann, F. Krotz & W. Reißmann (Hrsg.), *Mediatisierung und Mediensozialisation: Prozesse – Räume – Praktiken* (S. 103–118). Wiesbaden: Springer VS.

Peil, C. & Röser, J. (2014). The Meaning of Home in the Context of Digitization, Mobilization and Mediatization. In A. Hepp & F. Krotz (Hrsg.), *Mediatized Worlds: Culture and Society in a Media Age* (S. 233–249). London: Palgrave.

Pérez Curiel, C. & Limón Naharro, P. (2019). Political Influencers. A Study of Donald Trump's personal brand on Twitter and its impact on the media and online readers. *Communication & Society, 32*(1), 57–76.

Peters, H. P., Heinrichs, H., Jung, A., Kallfass, M. & Petersen, I. (2008). Medialisierung der Wissenschaft als Voraussetzung ihrer Legitimierung und politischen Relevanz. In R. Mayntz, N. Friedhelm, P. Weingart & U. Wengenroth (Hrsg.), *Wissensproduktion und Wissenstransfer: Wissen im Spannungsfeld von Wissenschaft, Politik und Öffentlichkeit* (S. 267–292). Bielefeld: transcript.

Pfadenhauer, M. & Grenz, T. (2012). Mediatisierte Fitness? Über die Entstehung eines Geschäftsmodells. In F. Krotz & A. Hepp (Hrsg.), *Mediatisierte Welten: Beschreibungsansätze und Forschungsfelder* (S. 87–109). Wiesbaden: Springer VS.

Pörksen, B. (2015, 12. August). Wo seid ihr, Professoren? Das Wissenschaftssystem drängt seine besten Denker ins Abseits. Ihre Stimmen fehlen in den gesellschaftlichen Debatten. Das ist fatal. *Die Zeit.* http://www.zeit.de/2015/31/wissenschaft-professoren-engagement-oekonomie.

Postman, N. (1982). *Das Verschwinden der Kindheit.* Frankfurt am Main: Suhrkamp.

Prensky, M. (2001). Digital Natives, Digital Immigrants. Part 1. *On the Horizon, 9*(5), 1–6.

Quandt, T. & von Pape, T. (2010). Living in the Mediatope. A multi-Method Study on the Evolution of Media Technologies in the Domestic Environment. *The Information Society, 26*(5), 330–345.

Ramonet, I. (1999). *Die Kommunikationsfalle. Macht und Mythen der Medien.* Zürich: Rotpunktverlag.

Reinemann, C. (2010). Medialisierung ohne Ende? Zum Stand der Debatte um Medieneinüsse auf die Politik. *Zeitschrift für Politik, 57*(3), 278–293.

Reinemann, C. & Wilke, J. (2007). "It´s the Debates, Stupid!" How the Introduction of Televised Debates Changes the Portrayal of German Chancellor Candidates in the German Press 1949–2005. *Harvard International Journal of Press/Politics, 12*(4), 92–111.

Richter, S. (2015, 14. August). Profs, träumt nicht von gestern! Vor zwei Wochen kritisierte der Medienwissenschaftler Bernhard Pörksen: Das Wissenschaftssystem marginalisiert die Intellektuellen. Ein Mitglied des Wissenschaftsrats antwortet: Unsere Gesellschaft bekommt die Professoren, die sie verdient. *Die Zeit.* http://www.zeit.de/2015/33/gesellschaft-professoren-interlektuelle.

Röser, J. (2000). *Fernsehgewalt im gesellschaftlichen Kontext. Eine Cultural Studies-Analyse über Medienaneignung in Dominanzverhältnissen.* Wiesbaden: VS Verlag für Sozialwissenschaften.

Röser, J. (Hrsg.) (2007). *MedienAlltag. Domestizierungsprozesse alter und neuer Medien.* Wiesbaden: VS Verlag für Sozialwissenschaften.

Röser, J. & Hüsig, U. (2012). Fernsehzeit reloaded: Medienalltag und Zeithandeln zwischen Konstanz und Wandel. *medien & zeit, 27*(2), 35–43.

Röser, J., Müller, K. F., Niemand, S. & Roth, U. (2017). Häusliches Medienhandeln zwischen Dynamik und Beharrung: Die Domestizierung des Internets und die Mediatisierung des Zuhauses 2008–2016. In F. Krotz, C. Despotović, M.-M. Kruse (Hrsg.), *Mediatisierung als Metaprozess* (S. 139–162). Wiesbaden: Springer VS.

Röser, J. & Peil, C. (2010a). Diffusion und Teilhabe durch Domestizierung. Zugänge zum Internet im Wandel 1997–2007. *Medien & Kommunikationswissenschaft, 58*(4), 481–502.

Röser, J. & Peil, C. (2010b). Räumliche Arrangements zwischen Fragmentierung und Gemeinschaft: Internetnutzung im häuslichen Alltag. In J. Röser, T. Thomas & C. Peil (Hrsg.), *Alltag in den Medien – Medien im Alltag* (S. 220–241). Wiesbaden: VS.

Röser, J. & Peil, C. (2012). Das Zuhause als mediatisierte Welt im Wandel. Fallstudien und Befunde zur Domestizierung des Internets als Mediatisierungsprozess. In F. Krotz & A. Hepp (Hrsg.). *Mediatisierte Welten: Beschreibungsansätze und Forschungsfelder* (S. 137–162). Wiesbaden: Springer VS.

Röser, J. & Roth, U. (2015). Häusliche Aneignungsweisen des Internets: „Revolutioniert Multimedia die Geschlechterbeziehungen?" revisited. In R. Drüeke, S. Kirchhoff, T. Steinmaurer & M. Thiele (Hrsg.), *Zwischen Gegebenem und Möglichem. Kritische Perspektiven auf Medien und Kommunikation* (S. 301–314). Bielefeld: transcript.

Röser, J., Thomas, T. & Peil, C. (Hrsg.) (2010). *Alltag in den Medien – Medien im Alltag*. Wiesbaden: VS Verlag für Sozialwissenschaften.

Roessing, T. (2019). *Schweigespirale*. Baden-Baden: Nomos.

Rössler, P. (2009). Wie Menschen die Wirkungen politischer Medienberichterstattung wahrnehmen – und welche Konsequenzen daraus resultieren. Zum Zusammenhang von politischer Willensbildung, Second- und Third-Person-Effekten. In F. Marcinkowski & B. Pfetsch (Hrsg.), *Politik in der Mediendemokratie* (S. 468–495). Wiesbaden: VS.

Rössler, P. & Krotz, F. (Hrsg.) (2005). *Mythen der Mediengesellschaft – The Media Society and its Myths*. Konstanz: UVK.

Sarcinelli, U. (2011). *Politische Kommunikation in Deutschland. Zur Politikvermittlung im demokratischen System*. Wiesbaden: VS.

Saxer, U. (2012). *Mediengesellschaft. Eine kommunikationssoziologische Perspektive*. Wiesbaden: Springer VS.

Schade, E. & Künzler, M. (2010). Kommunikations- und Mediengeschichte. In: Bonfadelli, H., Jarren, O. & Siegert, G. (Hrsg.), *Einführung in die Publizistikwissenschaft* (S. 77–109). Bern/Stuttgart/Wien: Haupt Verlag.

Schallhorn, C., Nölleke, D., Sinner, P., Seeger, C., Nieland, J.-U., Horky, T. & Mehler, K. (2022). Mediatization in Times of Pandemic: How German Grassroots Sports Clubs Employed Digital Media to Overcome Communication Challenges During COVID-19. *Communication and Sport, 10*(5), 891–912.

Schäfer, M. S. (2014). The media in the labs, and the labs in the media: what we know about the mediatization of science. In K. Lundby (Hrsg.), *Mediatization of Communication* (S. 571–593). Berlin/Boston: de Gruyter.

Scherer, H. (2003). Winfried Schulz 65 Jahre. *Publizistik, 48*(3), 341–342.

Scheu, A. M. (2016). Grounded Theory in der Kommunikationswissenschaft. In S. Averbeck-Lietz & M. Meyen (Hrsg.), *Handbuch nicht standardisierte Methoden in der Kommunikationswissenschaft* (S. 81–94). Springer VS.

Scheu, A. M. (2019a). Between offensive and defensive mediatization. An exploration of mediatization strategies of German science-policy stakeholders. *JCOM, 18*(3), A08.

Scheu, A. M. (2019b). Medienorientierung der Justiz. Strukturelle Anpassungen der deutschen Justiz an Anforderungen öffentlicher Aufmerksamkeit. *Medien Journal, 42*(4), 33–54.

Scheu, A. M. & Schedifka, T. (2018). Wissenschaftskommunikation im Netz. Eine explorative Studie zur Nutzung webbasierter sozialer Kommunikationskanäle. In C. Lüthje, L. Hagen, F. Dobrick, & C. Seifert (Hrsg.), *Wissenschaftskommunikation: Die Rolle der Disziplinen* (S. 179–212). Baden Baden: Nomos.

Scheu, A. M., Volpers, A.-M., Summ, A. & Blöbaum, B. (2014). Medialization of Research Policy: Anticipation of and Adaption to Journalistic Logic. *Science Communication, 36*(6), 706–734.

Scheu A. M. & Volpers A.-M. (2017). Sozial- und Geisteswissenschaften im öffentlichen Diskurs. In H. Bonfadelli, B. Fähnrich, C. Lüthje, J. Milde, M. Rhomberg & M. Schäfer (Hrsg.), *Forschungsfeld Wissenschaftskommunikation* (S. 391–404). Wiesbaden: Springer VS.

Scheufele, B. (2016). *Priming*. Baden-Baden: Nomos.

Schimank, U. (2010): *Handeln und Strukturen. Einführung in die akteurtheoretische Soziologie*. Weinheim/München: Juventa.

Schmidt, H. (1978, 26. Mai). Plädoyer für einen fernsehfreien Tag. Ein Anstoß für mehr Miteinander in unserer Gesellschaft. *Die Zeit*. http://www.zeit.de/1978/22/Plaedoyer-fuer-einen-fernsehfreien-Tag

Scholl, A. & Weischenberg, S. (1998). *Journalismus in der Gesellschaft, Theorie, Methodologie, Empirie*. Opladen: Westdeutscher Verlag.

Schudson, M. (2018). My very own alternative facts about journalism. In P. J. Boczkowski & Z. Papacharissi (Hrsg.), *Trump and the Media* (S. 41–47). Cambridge, MA: MIT Press.

Schulz, I. (2012). *Mediatisierte Sozialisation im Jugendalter*. Berlin: Vistas.

Schulz, W. (2004). Reconstruction of Mediatization as an Analytical Concept. *European Journal of Communication* 19(1), 87–111.

Schulz, W. (2009). Politischer Medieneinfluss: Metamorphosen des Wirkungskonzepts. In F. Marcinkowski & B. Pfetsch (Hrsg.), *Politik in der Mediendemokratie* (S. 205–223). Wiesbaden: VS.

Schulz, W. (2011). *Politische Kommunikation. Theoretische Ansätze und Ergebnisse empirischer Forschung*. Wiesbaden: VS.

Schulz, W. (2014). Mediatization and New Media. In F. Esser & J. Strömbäck (Hrsg.), *Mediatization of Politics. Understanding the Transformation of Western Democracies* (S. 57–73). Basingstoke: Palgrave Macmillan.

Schwarzenegger, C. (2017). *Transnationale Lebenswelten: Europa als Kommunikationsraum*. Köln: Halem.

Seethaler, J. & Melischek, G. (2014). Phases of Mediatization. Empirical Evidence from Austrian Election Campaigns since 1970. *Journalism Practice*, 8(3), 258–278.

Sheffer, M. L. & Schultz, B. (2010). Pardigm shift or passing fad? Twitter and sports journalism. *International Journal of Sport Communication*, 3(4), 472–484.

Sheffer, M. L. & Schultz, B. (2013). The new world of social media and broadcast sports reporting. In P. M. Pedersen (Hrsg.), *Routledge handbook of sport communication* (S. 210–217). London/New York: Routledge.

7. Literatur

Shehata, A. & Strömbäck, J. (2021). Learning Political News From Social Media: Network Media Logic and Current Affairs News Learning in a High-Choice Media Environment. *Communication Research* 48(1), 125–147.

Silverstone, R. (2005). The Sociology of Mediation and Communication. In C. Calhoun, C. Rojek & B. Turner (Hrsg.), *Sage Handbook of Sociology* (S. 188–207). London: Sage.

Silverstone, R. (2007). *Media and Morality: On the Rise of the Mediapolis.* Cambridge: Polity Press.

Spörer-Wagner, D. & Marcinkowski, F. (2011). Politiker in der Öffentlichkeitsfalle? Zur Medialisierung politischer Verhandlungen in nationalen Kontexten. In M. Edinger & W. J. Patzelt (Hrsg.), *Politik als Beruf* (S. 416–438). Wiesbaden: VS.

Stähli, U. (2013). Entnetzt Euch! *Mittelweg, 36*(4), 3–28.

Stanyer, J. & Mihelj, S. (2016). Taking Time Seriously? Theorizing and Researching Change in Communication and Media Studies. *Journal of Communication, 66*(2), 266–279.

Steinmaurer, T. (2016). *Permanent vernetzt – Zur Theorie und Geschichte der Mediatisierung.* Wiesbaden: Springer VS.

Stiehler, H. J. & Horky, T. (2018). Die Digitalisierung des Sports in den Medien. Anforderungen und Herausforderungen In T. Horky, H. J. Stiehler, & T. Schierl (Hrsg.), *Die Digitalisierung des Sports in den Medien* (S. 9–16). Köln: Halem.

Stöber, R. (2008). M wie Medialisierung. *Aviso, 47*(2), 13–14.

Stöber, R. (2010). Medialisierung vor 1945. Wie tragfähig ist der Begriff als kommunika- tionshistorisches Konzept für Frühe Neuzeit und Moderne? In K. Arnold, C. Classen, S. Kinnebrock, E. Lersch & H.-U. Wagner (Hrsg.), *Von der Politisierung der Medien zur Medialisierung des Politischen? Zum Verhältnis von Medien, Öffentlichkeiten und Politik im 20. Jahrhundert* (S. 77–94). Leipzig: Leipziger Universitätsverlag.

Stolz, M. (2016, 4. Mai). Der Fernseher lebt! *ZEIT-Magazin,* 20, 34–39.

Strippel, C., Bock, A., Katzenbach, C., Mahrt, M., Merten, L., Nuernbergk, C., Pentzold, C. & Waldherr, A. (2018). Die Zukunft der Kommunikationswissenschaft ist schon da, sie ist nur ungleich verteilt: Eine Kollektivreplik auf Beiträge im „Forum" (Publizistik, Heft 3 und 4, 2016). *Publizistik, 63*(1), 11–27.

Strömbäck, J. (2008). Four Phases of Mediatization: An Analysis of the Mediatization of Politics. *The International Journal of Press/ Politics, 13*(3), 228–246.

Strömbäck, J. (2011). Mediatization and Perception of the Media's Political Influence. *Journalism Studies, 12*(4), 423–439.

Strömbäck, J. (2016). Mediatization. In G. Mazzoleni (Hrsg.), *The International Encyclopedia of Political Communication* (S. 827–835), Oxford, UK and Malden, MA: Wiley Blackwell.

Strömbäck, J. (2022). Media-centric or politics-centric political communication research? Some reflections. *Political Communication, 39*(2), 280–285.

Strömbäck, J. & Esser, F. (2014a). Mediatization of Politics: Towards a Theoretical Framework. In F. Esser & J. Strömbäck (Hrsg.), *Mediatizations of Politics. Understanding the transformation of Western democracies* (S. 3–28). Basingstoke, New York: Palgrave Macmillan.

Strömbäck, J. & Esser, F. (2014b). Mediatization of Politics: Transforming Democracies and Reshaping Politics. In K. Lundby (Hrsg.), *Mediatization of Communication* (S. 375–403). Berlin/ Boston: de Gruyter.

Strömbäck, J. & Esser, F. (Hrsg.). (2015). *Making Sense of Mediatized Politics: Theoretical and Empirical Perspectives.* London, UK: Routledge.

Strömbäck, J. & Van Aelst, P. (2013). Why political Parties adapt to the Media: Exploring the Fourth Dimension of Mediatization. *International Communication Gazette, 75*(4), 341–358.

Tedesco, J. C. (2011). Political public relations and agenda building. In J. Strömbäck & S. Kiousis (Hrsg.), *Political public relations* (S. 75–94). New York: Routledge.

Thimm, C., Anastasiadis, M. & Einspänner-Pflock, J. (Hrsg.) (2018). *Media logic(s) revisited. Modelling the interplay between media institutions, media technology and societal change* London: Palgrave Macmillan.

Thimm, C., Einspänner, J. & Dang-Anh, M. (2012). Politische Deliberation online – Twitter als Element des politischen Diskurses. In F. Krotz & A. Hepp (Hrsg.), *Mediatisierte Welten: Beschreibungsansätze und Forschungsfelder* (S. 283–305). Wiesbaden: Springer VS.

Thimm, C., Dang-Anh, M. & Einspänner, J. (2014). Mediatized Politics – Structures and Strategies of Discursive Participation and Online Deliberation on Twitter. In A. Hepp & F. Krotz (Hrsg.), *Mediatized Worlds. Culture and Society in a Media Age* (S. 253–270). Basingstoke: Palgrave Macmillan.

Thimm, C,, Anastasiadis, M. & Einspänner-Pflock, J. (2017). Deliberation im Netz Formen und Funktionen des digitalen Diskurses am Beispiel des Microbloggingsystems Twitter In F .Krotz, C. Despotović, & M.-M. Kruse (Hrsg.), *Mediatisierung als Metaprozess. Transformationen, Formen der Entwicklung und die Generierung von Neuem* (S. 259–280). Wiesbaden: Springer VS.

Tsfati, Y. & Cohen, J. (2005). The Influence of Presumed Media Influence on Democratic Legitimacy. The Case of Gaza Settlers. *Communication Research, 32,* 794–821.

Urry, J. (2002). Mobility and Proximity. *Sociology, 36*(2), 255–274.

Urry, J. (2007). *Mobilities.* Cambridge: Polity Press.

van Dijck, J. & Poell, T. (2013). Understanding social media logic. *Media and Communication, 1*(1), 2-14.

Vorderer, P. (2015). Der medialisierte Lebenswandel. Permanently online, permanently connected. *Publizistik, 60*(3), 259–276.

Vowe, G. (2006). Mediatisierung der Politik? Ein theoretischer Ansatz auf dem Prüfstand. *Publizistik, 51*(4), 437–455.

Vowe, G. & Dohle, M. (2016). Sportkommunikation und Mediensport im Wandel. Grundzüge eines Forschungsprogramms für die Sportkommunikationsforschung. *Journal für Sportkommunikation und Mediensport, 1*(1–2), 4–18.

Vowe, G. & Henn, P. (Hrsg.). (2016). *Political Communication in the Online World. Theoretical Approaches and Research Designs.* New York: Routledge.

Wehler, H.-U. (1987). *Deutsche Gesellschaftsgeschichte, 1. Band: Vom Feudalismus des Alten Reiches bis zur Defensiven Modernisierung der Reformära 1700–1815.* München: Beck.

Weimann, G. & Brosius, H.-B. (2016). A New Agenda for Agenda-Setting Research in the Digital Era. In G. Vowe & P. Henn (Hrsg.), *Political Communication in the Online World. Theoretical Approaches and Research Designs.* (S. 26–44). New York: Routledge.

Weingart, P. (2001). *Die Stunde der Wahrheit? Zum Verhältnis der Wissenschaft zu Politik, Wirtschaft und Medien in der Wissensgesellschaft.* Weilerswist: Velbrück.

Weingart, P. (2012). The Lure of the Mass Media and its Repercussions on Science. In S. Rödder, M. Franzen & P. Weingart (Hrsg.), *The Sciences' Media Connection: Public Communication and its Repercussions* (S. 17–32). Dordrecht: Springer.

Weingart, P. & Pansegrau, P. (1998). Reputation in der Wissenschaft und Prominenz in den Medien. Die Goldhagen-Debatte. *Rundfunk und Fernsehen, 46*(2–3), 193–208.

Weischenberg, S. (2010). Das Jahrhundert des Journalismus ist vorbei. Rekonstruktionen und Prognosen zur Formation gesellschaftlicher Selbstbeobachtung. In G. Bartelt- Kircher, H. Bohrmann, H. Haas, O. Jarren, H. Pöttker & S. Weischenberg (Hrsg.), *Krise der Printmedien: Eine Krise des Journalismus* (S. 32–61), Berlin/New York: De Gruyter Saur.

Weischenberg, S., Malik, M. & Scholl, A. (2006). *Die Souffleure der Mediengesellschaft*. UKV: Konstanz.

Wendelin, M. (2011). *Medialisierung der Öffentlichkeit. Kontinuität und Wandel einer normativen Kategorie der Moderne*. Köln: Halem.

Wiedemann, T. & Meyen, M. (2016). Internationalization through Americanization: The Expansion of the International Communication Association's Leadership to the World. *International Journal of Communication, 10*, 1489–1509.

Wilke, J. (2002). *Grundzüge der Medien- und Kommunikationsgeschichte. Von den Anfängen bis ins 20. Jahrhundert*. Köln/Weimar/Wien: Böhlau.

Wilke, J. (2015). Theorien des Medienwandels – Versuch einer typologischen Systematisierung. In S. Kinnebrock, C. Schwarzenegger & T. Birkner (Hrsg.), *Theorien des Medienwandels* (S. 29–52). Köln: Halem.

Bisher in der Reihe erschienene Bände

Band 1: Agenda-Setting
Von Marcus Maurer, 2., aktualisierte Auflage, 2017, 110 S., brosch., 19,90 €,
ISBN 978-3-8487-4022-2

Band 2: Nachrichtenwerttheorie
Von Michaela Maier, Joachim Retzbach, Isabella Glogge, Karin Stengel, 2., aktualisierte Auflage, 2018, 174 S., brosch., 21,90 €,
ISBN 978-3-8487-4234-9

Band 3: Parasoziale Interaktion und Beziehungen
Von Tilo Hartmann, 2., aktualisierte Auflage, 2017, 130 S., brosch., 21,90 €,
ISBN 978-3-8487-4264-6

Band 4: Theory of Reasoned Action - Theory of Planned Behavior
Von Constanze Rossmann, 2011, 135 S., brosch., 19,90 €,
ISBN 978-3-8329-4249-6

Band 5: Das Elaboration-Likelihood-Modell
Von Christoph Klimmt, 2011, 117 S., brosch., 19,90 €,
ISBN 978-3-8329-6176-3

Band 6: Diffusionstheorien
Von Veronika Karnowski, 2., aktualisierte Auflage, 2017, 113 S., brosch., 20,90 €,
ISBN 978-3-8487-2249-5

Band 7: Schweigespirale
Von Thomas Roessing, 2. Auflage, 2019, 112 S., brosch., 21,90 €,
ISBN 978-3-8487-4868-6

Band 8: Third-Person-Effect
Von Marco Dohle, 2., aktualisierte Auflage, 2017, 122 S., brosch., 21,90 €,
ISBN 978-3-8487-4590-6

Band 9: Domestizierung
Von Maren Hartmann 2013, 173 S., brosch., 19,90 €,
ISBN 978-3-8329-4279-3

Band 10: Framing
Von Jörg Matthes, 2014, 105 S., brosch., 19,90 €,
ISBN 978-3-8329-5966-1

Band 11: Determination, Intereffikation, Medialisierung
Theorien zur Beziehung zwischen PR und Journalismus
Von Wolfgang Schweiger, 2013, 145 S., brosch., 19,90 €,
ISBN 978-3-8329-6935-6

Band 12: Wissenskluft und Digital Divide
Von Nicole Zillien und Maren Haufs-Brusberg, 2014, 121 S., brosch., 19,90 €,
ISBN 978-3-8329-7857-0

Band 13: Fallbeispieleffekte
Von Benjamin Krämer, 2015, 134 S., brosch., 19,90 €,
ISBN 978-3-8487-0599-3

Band 14: Priming
Von Bertram Scheufele, 2016, 104 S., brosch., 19,90 €,
ISBN 978-3-8487-2217-4

Band 15: Involvement und Presence
Von Matthias Hofer, 2016, 123 S., brosch., 19,90 €,
ISBN 978-3-8487-1508-4

Band 16: Gatekeeping
Von Ines Engelmann, 2016, 126 S., brosch., 19,90 €,
ISBN 978-3-8487-1349-3

Band 17: Konsistenztheorien & Selective Exposure
Von Arne Freya Zillich, 2019, 122 S., brosch., 19,90 €,
ISBN 978-3-8487-3072-8

Band 18: Medialisierung und Mediatisierung
Von Thomas Birkner, 2017, 121 S., brosch., 19,90 €
ISBN 978-3-8487-2912-8

Band 19: Meinungsführer und der Flow of Communication
Von Stephanie Geise, 2017, 180 S., brosch., 24,90 €
ISBN 978-3-8487-3229-6

Band 20: Wirkungstheorien der Medien-und-Gewaltforschung
Von Astrid Zipfel, 2019, 220 S., brosch., 26,90 €
ISBN 978-3-8487-4181-6

Band 21: Kultivierungsforschung
Von Christine E. Meltzer, 2019, 112 S., brosch., 19,90 €
ISBN 978-3-8487-4839-6

Band 22: Narrative Persuasion
Von Freya Sukalla, 2019, 146 S., brosch., 21,90€
ISBN 978-3-8487-4146-5